陳福成著

文學叢刊

臺灣大學退休人員聯誼會第十屆理事長實記暨二〇一五－二〇一六重要事件簿

文史哲出版社印行

國家圖書館出版品預行編目資料

臺灣大學退休人員聯誼會第十屆理事長實記暨 2015-2016 重要事件簿 / 陳福成著. --初版 --臺北市:文史哲, 民 106.04
頁;　公分（文學叢刊；377）
ISBN 978-986-314-361-1（平裝）

1.國立臺灣大學退休人員聯誼會

527.85　　106004332

文　學　叢　刊　377

臺灣大學退休人員聯誼會第十屆理事長實記暨 2015-2016 重要事件簿

著　者：陳　福　成
出版者：文　史　哲　出　版　社
http:// www.lapen.com.tw
e-mail:lapen@ms74.hinet.net
登記證字號：行政院新聞局版臺業字五三三七號
發行人：彭　正　雄
發行所：文　史　哲　出　版　社
印刷者：文　史　哲　出　版　社
臺北市羅斯福路一段七十二巷四號
郵政劃撥帳號：一六一八〇一七五
電話886-2-23511028・傳真886-2-23965656

定價新臺幣四〇〇元

民國一〇六年（2017）四月初版

ISBN 978-986-314-361-1　　09377

自 序：感謝這群人生旅途中的好夥伴

當我把臺灣大學退休人員聯誼會理事長一職在二〇一六年底，完成移交給二〇一七年開始任職的第十一屆理事長吳元俊，我向辦公室九位組長的致謝一句話，是「你們是我永遠的想念、永遠的牽掛。」你們是我人生旅途遇到最好的夥伴，最珍貴的友誼，有你們真好！所以我會想念你們、牽掛你們！

這兩屆理事長，第一任是第九屆（民一〇二、一〇三年），第二任第十屆（民一〇四、一〇五），計四年。退聯會做為「臺灣大學教職員工文康活動推行委員會」下屬三十餘分會之一，又為臺大對眾多退休人員唯一完善的連繫窗口，每年有許多重要工作（活動）要推行。兩任理事長內所推行活動，以每任一書的筆記文體，分別實況記錄如今已成過往的歷史，我們這些好夥伴們，凡走過必留下足跡。

這些實記少部是我個人活動，多數是退聯會各組工作，許多資料的提供、整理、編排，都有賴各組長費時費心，感謝夥伴們：福利組長丁一倪、e化組長杜雅慧和史娟娟、總務組長鍾鼎文和林意婷、秘書長劉鵬佛、資訊組長黃存仁、會計組長陳明珠和林映月、會員組長陳志恆、活動組長關麗蘇、文康組長許秀錦、關懷組長陶錫珍和吳元俊。

以上各組長，在我兩任四年理事長內，分別在不同時間參與會務，大家分工合作完成許多集體「創作」，也成為人生旅途中的好夥伴，見證這些實記，倍感溫馨，是為序。

（臺灣大學退休人員聯誼會第九、十屆理事長陳福成誌於二〇一七年元月一日在退聯會辦公室）

臺灣大學退休人員聯誼會第十屆理事長實記暨2015-2016重要事件簿

目 次

5 照　片

①反毒演講，左起筆者、教聯會理事長游若篍教授、演講人楊士隆教授、學務長陳聰富教授、職工會理事長楊華洲先生（2015 年 1 月 7 日於臺大校本部第一會議室，②同）

②演講後大合照。同①

③連任第十屆理事長後，與全體理監事合照（2015 年 1 月 6 日於臺大校本部第四會議室）

④退聯會一群老友參加新春團拜，左四是前校長孫震（2015 年 2 月 24 日上午於臺大校本部第一會議室）

⑤春節後，理監事代表到木柵探視沙依仁教授。左起筆者、沙教授、李鴛鴦、關麗穌、陳美枝、陳志恆、吳元俊夫婦（2015 年 3 月 11 日）

⑥慶生會演唱（2015 年 4 月 21 日）

⑦ 2015 年 8 月 11 日，慶生會全體合影，以下到⑫，都是同一次慶生會

⑧排舞表演的美女們

⑨作者與老友們合影㈠

⑩左起副理事長何教授、郭教授、作者夫婦及排舞同伴

⑪作者與老友們合影(二)

⑫作者與老友們合影(三)

⑬～⑯爲 2015 年 10 月 21、23 日本會杉林溪兩日遊大合照

⑭作者與老友和嫂子們合影

⑮與老友（退休的主任教官）合影

⑯作者與妻合影凍頂鹿谷茶山

⑰快樂歌唱班在校慶晚會唱老歌（2015 年 11 月 20 日）

⑱～㉓爲 2015 會員大會。左起第四任理事長楊建澤教授、第三任理事長方祖達教授、第一、二任理事長宣家驊將軍、第七、八任理事長丁一倪教授、本書著者（站著致詞）、副理事長何憲武教授

⑲頒第一、二任理事長宣家驊將軍名譽理事證書

⑳頒第三任理事長方祖達教授名譽理事證書

㉑頒第四任理事長楊建澤教授名譽理事證書

㉒頒第七、八任理事長丁一倪教授名譽理事證書

㉓前後左起俊歌、鄭大平、本書著者、吳信義、睦澔平

㉔ 2015年12月16日中午，台大秘書室志工海霸王餐廳合影（中山北路）餐敘。前排左起林淑媛、簡碧惠、孫茂鈴、林玟妤（秘書室職員）、林嘉愛、嚴麗君、叢曼如、陳蓓蒂；後排左起楊美蘭、朱堂生、本書作者、楊長基、孫洪法、許文俊、宋德才、吳元俊。當日會餐尚有吳信義師兄，有事先行離席未入照

㉕台大秘書室志工海霸王餐廳合影㈡

㉖～㉚童詩園遊會本書作者講評（2016 年 1 月 24 日）

㉗前左莊雲惠、右丹萱；後排左起曾美霞、本書作者、林錫嘉、彭正雄、陳寧貴、許其正、劉益民

㉘與會的小詩人們

㉙莊雲惠老師指導學生朗誦

㉚三個主持人左起社長鄭雅文、發行人彭正雄、詩人莊雲惠

㉛～㉝作者全家日月潭兩日遊（涵碧樓爐前）

㉜參拜玄奘大師。

㉝作者全家遊湖合影

㉝～㉟台北教師分會參加佛光山佛學夏令營（2016年7月）

㉞台北教師分會參加佛光山佛學夏令營（2016 年 7 月）

㉟師兄弟三人，像不像「三介公」？（2016 年 7 月 6 日於佛光山）

㊱～㊶當了兩任四年理事長，終於畢業了，全體理監事及幹部大合照（2016 年 11 月 8 日於台大巨蛋）

㊲左起陳美枝、許秀錦、筆者、杜雅慧、陳志恆、林映月

㊳左起關懷組長吳元俊、作者、秘書長劉鵬佛教授

㊴右起吳元俊、作者、副理事長何憲武教授

⑩左起會員組長陳志恆、作者、E 化組長杜雅慧

⑪左起陳昌榾、方祖達、作者、林意婷、吳元俊、史娟娟

㊷台大校慶晚會獲頒積優社團獎，左起文康會主委江簡富教授（2016 年 11 月 18 日於台大巨蛋）

㊸年度會員大會，左起創會長宣家驊將軍、吳普炎主任、方祖達教授、楊長基主任、本書作者、主秘林達德教授（2016 年 12 月 3 日於台大校本部 101 室）

㊹參加佛光山法座會，2016年12月4日台北道場

㊺老友一起去「遠足」，前左是周立勇學長，右陳福成（本書作者）；後排左起林鐵基、高立興、袁國台、童榮南同學（2015年11月12日於坪林茶業博物館內）

㊻「華國緣」好友在華國飯店會餐（2016年12月12日）

㊼交接茶會，在退聯會辦公室左起俊歌、昌桐、秀錦、志恆、作者、映月、娟娟（2016 年 12 月 27 日）

㊽我把移交清冊交給第十一任理事長吳元俊（左），頓覺台大退聯會得人了（2016年12月27日於辦公室）

第一篇

二〇一五年（民104）

重要實記

△元月一日　星期四　陰晴冷

往後看，過去的一年如夢如幻，都讓他過去，我一點也不想記著，腦袋愈空愈好。反正，全記在出版的作品中，就讓讀者、朋友或圖書館去記著吧！

往前看，今天是新年度的第一天，早已構想好今年的重要寫作，《囚徒》長詩〈計畫三千行以上，還有這本《實記》〉。

今天在家校對三本書稿：《三世囚緣書畫集》、《臺灣大學退休人員聯誼會第九屆理事長實記》、《那些年，我們是這樣寫情書的》。

△元月三日　星期六　晴　文友跨年

近幾年每到跨年，都在老范的大人物公司，一群文友，整晚詩酒，這是我們這群中年朋友的跨年模式。至於吸引百萬人潮的一〇一煙火，像天邊的戰火，他家的事，與吾何干？

今年的大人物公司文友群，因部份人工作關係，改在今天晚上。十多人先在「神秘花園」夯翻天，喝酒唱歌到快十點，又轉移陣地到范揚松「地下別墅」，喝茶飲酒聊八卦，到凌晨一點多才散場。

今晚參與盛會的文友有：范楊松、楊寶華、方飛白、吳明興、李兆環、陳在和、劉平芳、吳家業、劉臺中、許文靜、梁錦鵬、孔維勤、傅明琪、曾詩文。

以上只有李兆環（律師）、劉平芳（律師）和孔維勤（孔子第七十八代孫）是第一次參加的朋友，其他都是多年老朋友。

△元月五日　星期一　第二次紫錐花運動籌備會

今天是第二次紫錐花運動（毒品防治、反毒）籌備會，最早都是軍訓室每年定期活動，各校大張旗鼓忙一個月。現在軍訓室只是象徵性承辦（陳梅香代表），職工會主辦，退聯會和教聯會等相關團體協辦，決議編組和邀請演講人如下，會後在鹿鳴堂餐敘，再討論邀請那些長官。

臺大教授聯誼會暨職工會，退聯會舉辦講演活動
二〇一五年一月七日
第二次籌備會工作分配表（紫錐花運動）

職務	姓名／聯絡電話	工作內容
總召集人 副召集人 副召集人	游若篍 陳福成 楊華洲	總籌劃
籌畫組	陶錫珍 陳梅香 陳梅燕	活動行程與文宣
報名	吳定遠	公告與報名（表）
簽到組	陳志恆、陳明珠 葉文輝 李佳縉、張敏慧	簽到
服務組	陳建馨、陳律通 鄭美蘭	發餐盒
場地佈置	王珮華 官俊榮 葉文輝	海報、課程表
照相	吳定遠、吳元俊 黃詩婕	
成果彙整	吳定遠 黃詩婕	
帳務核銷	陳梅燕	

國際毒品防治作為對大學校院深化推動紫錐花運動之啟示

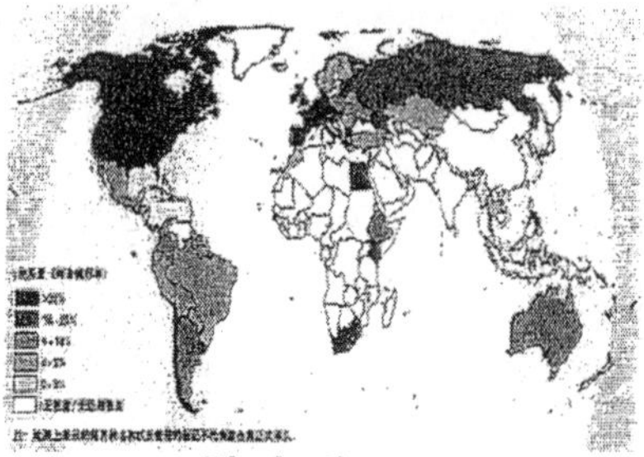

楊士隆

國立中正大學犯罪防治研究所 教授 兼副校長

國立中正大學研究傑出特聘教授

國立中正大學犯罪研究中心 主任

作者簡歷

美國紐約州立大學(SUNY-Albany)刑事司法博士（1992）

曾任：

國立中正大學學務長（2008-2013））

國立中正大學犯罪防治研究所教授兼系主任、所長（2001-2007）

中華民民國犯罪學學會秘書長（1999-2003）、理事長（2003-2007）

行政院毒品防制會報委員

第一屆法官評鑑委員會委員

現任：

國立中正大學副校長

國立中正大學研究傑出特聘教授

國立中正大學犯罪防治研究所教授兼犯罪研究中心主任

亞洲犯罪學學會副主席

亞洲藥物濫用研究學會監事主席

△元月六日　星期二　陰晴　連任本會理事長

今天上午是卽定本年第一次理監事會，主要是由新任的理監事選出「臺灣大學退休人員聯誼會」第十屆之理事長、副理事長、監事主席」。早在去年九月大家強力要求我連任，我答應承擔，所以今天只是形式上走完「程序正義」，投票結果也當然是全數支持，我把自己的一票投給老大哥鄭大平學長．副理事長仍是何憲武教授，監事主席是方祖達教授。

會後在本校「鹿鳴晏」中餐部會餐，席開兩桌，包含原任（第九屆）、各組長、副組長等都到。以下簽到的是新任理監事。（照片見書前）

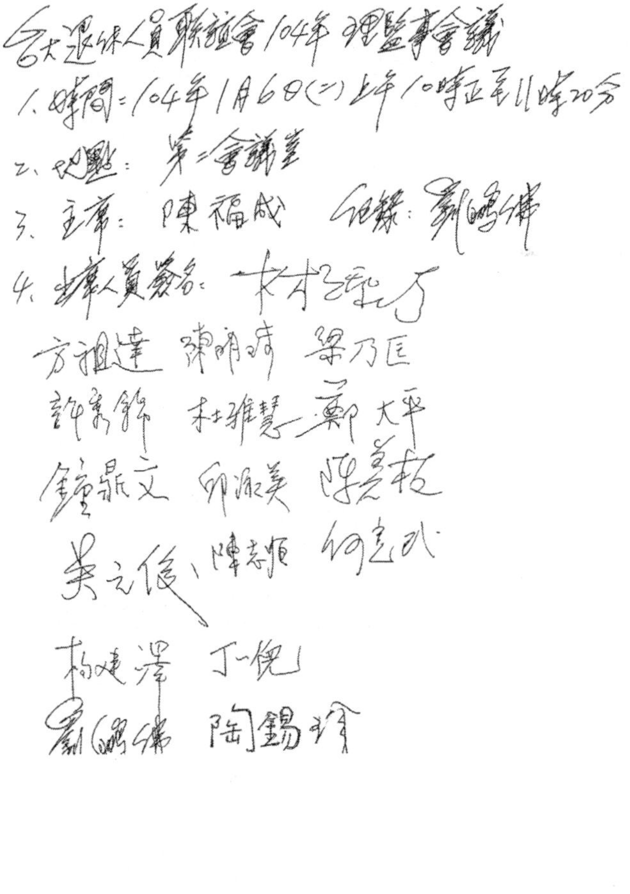
台大退休人員聯誼會104年理監事會議
1、時間：104年1月6日(二)上午10時正至11時20分
2、地點：第二會議室
3、主席：陳福成　紀錄：[illegible]
4、出席人員簽名：[illegible]
方祖達 [illegible]
[illegible] 杜雅慧 鄭大平
鍾鼎文 [illegible]
[illegible] 何憲武
[illegible]
[illegible] 陶錫[illegible]

△元月七日　星期三　反毒講座　晴

今天中午的「紫錐花運動」（反毒講座），由教聯會主辦，職工和退休兩會協辦），邀請楊士隆教授（基本資料見元月五日）演講，大綱如後。

中午十一點半，三會理事長（游若篍教授、楊華洲先生、我），已先到第一會議室。十二點十五分學務長陳聰富教授致詞、主席游教授致詞，十二點半演講開始，兩點結束，會後大合照（如後）。

按演講者所訴，台灣地區毒品犯罪流行趨向惡化。因政府並不太重視、預算極少、法令落伍、效率不彰等，看來這是難解的習題。

教授聯誼會理事長游若篍贈紀念品給演講人楊士隆教授

楊士隆教授與主辦單位人員合照

演講後與聽眾合影留念

會場一景，講話者是學務長陳聰富教授

演講大綱

從毒品犯罪犯罪年輕化、無國界之分不難看出毒品問題之嚴重性，近年毒品犯罪流行趨勢現況也逐漸地有所轉變，如藉由網路獲得新興精神活性物質 NPS 成為主要毒品獲取通道，且年輕族群濫用的情況相當嚴重，聯合國成員國也為此敦促國際管制藥物委員會加強規範審查；又如設計師藥物由於價格較為低廉且較易取得，因此在青少年中也廣泛流行。

在深入了解台灣毒品防治問題之核心後，必須研擬出相關因應策略：

一、加強監測藥物濫用與毒品之發展

二、強化反毒宣導嶄新作為

國立中正大學全國首創『學生聯合社團反毒宣導團』－強化反毒宣導效能，落實在地化志工服務。

三、強化犯罪矯正與社區治療工作

聯合國建議最佳處遇方式：合併「持續門診治療」、「藥物治療」與「監控」，使戒毒者能從治療中獲得最大治療效益。

四、研擬嶄新毒品預防策略

(一) 肅清社會病源模式(Root cause model)
(二) 嚇阻模式(Deterrence model)
(三) 矯治模式(Rehabilitation model)
(四) 情境預防模式(Situational Prevention model)

新進藥物濫用預防之模式

(一) 環境預防策略：

使用社會規範、法規、取得通路或大眾媒體進行環境預防。

(二) 特定預防策略
(三) 廣泛預防策略
(四) 選擇預防策略

五、加強國際接軌、合作與行銷

發表中英文電子報、參與國際研討會等方式，俾分享經驗。

六、結論

(一) 健康促進理念

藥物濫用應視為可加以預防、處理與控制之健康問題

(二) 預防勝於治療

鑒於藥物濫用成癮後之巨大危害及衍生諸多公共衛生、社會與治安議題，有賴積極採行預防措施因應。

(三) 強化毒癮戒治工作

(四) 強化地方政府毒品危害防制中心與社心處遇

地方政府毒品危害防制中心與社心處遇為我國反毒最新框架新增之重要業務，需加強專業人力與經費挹注，長期投入。

(五) 成功毒品防治須進行跨領域研發與合作

國立臺灣大學 103 學年度反毒講座

紫錐花運動
Echinacea Campaign

講座題目:『解毒密碼 翻轉全球』

綱要:防制藥物濫用與毒品防制的國際趨勢

時間	104 年 1 月 7 日 12:30-14:00
地點	本校第一會議室
對象	教職員工生
主辦單位	臺大教授聯誼會
協辦單位	臺大職工聯誼會 臺大退休聯誼會

主講者:楊士隆先生

△元月八日　星期四

合唱團按時練歌，學新歌〈愛不釋手〉。

志恒整理出今年所有唱歌時間，納入「年度定期工作管制表」，詳見第三篇專文，〈按此模式向前行〉附件。

△元月十三日　星期二　晴　鍾夫人請吃披薩

鍾鼎文先生九十三大壽，大家為他慶祝，鍾夫人多次告訴我要回請，我都沒答應，但她熱情邀約，只好答應她，說好「簡單行事」，我說在辦公室吃披薩就好。她叫了三個大披薩，又自備水果、八寶湯，中午在辦公室熱鬧一翻，個個稱「好」。

今天上午也和辦公室五要角（秀錦、明珠、志恒、雅慧、鵬佛），詳細討論年度定期工作時間，製成「二〇一五行事曆」，大家方便排自已的行程。詳見第三篇專文，〈按此模式向前行〉附件。

△元月十五日　星期四　晴陰　佛光山和台大事

下午是佛光山台北教師分會月例會，也是劉學慧師姊就任新會長。我、信義、關姊三個台大人均參與盛會，場面熱鬧、溫馨。

會後直接趕往「川揚小館」（在延平南路），參加由教聯會理事長兼逸仙學會游若箖教授召集的餐會。到有教官：陳國慶、吳信義、吳元俊、陳梅燕、陳梅香、我等近十人。教授有：黃宏斌、馬小康、包宗和、丁一倪、王佩華、官俊榮、陶錫珍、葉文輝、羅漢強、蘇瑞陽……以及職工會理事長楊華洲，共約四五十人。

△元月十八日　星期日　晴　台大登山隊走炮子崙步道

今天臺大登山隊走深坑「炮子崙環山步道」，有近百位臺大人參加，走完和俊歌一起吃臭豆腐才回台北。

△元月廿二日　星期四　晴　志恒的字好美

例行的合唱團練習日，志恒把練過的歌裝好一個個夾子，練習時每人拿一個，統一放辦公室保管，方便又環保。志恒又把簡體字改掉，手抄成繁體字，她的字如其人，恭整而典雅，看起來很舒服、秀氣，眾人讚美她「字好美」，又很貼心為大家服務。

△元月廿三日　星期五　晴　臺大志工研習

今天是秘書室志工在第一會議室研習，上午九點到下午三點，主秘林達德先來致詞，接著有隋顗秧先生講國際禮儀、午餐後參觀社科院圖書館。今天到有志工三十八人。

鄭丹楓、吳信義、陳美蘭、吳元俊、許詠婕、吳春利、夏麗月、王來伴、朱堂生、蔣幸珠、謝玉美、叢曼如、郭正鴻、郭麗英、吳菊卿、林淑慧、蔡芸娜、許璨之、孫洪法、王曼思、孫茂鈴、陳億禎、蘇克特、彭慧文、鄭美娟、莊慧君、邱光之、劉宏仁、夏尊堯、簡碧惠、王淑君、宋德才、郭耀東、吳宗男、陳蓓蒂、賴惠毅、陳美枝及筆者。

△元月廿四日　星期六　晴

上午參加林靜助主持的《藝文論壇》、《青溪》編務會議暨中午的歲末聯歡餐會。晚上在大人物又有一群文友聚會，慶祝劉台平找到廿八年前的女朋友。

△元月廿五日　星期日　晴　臺大登山隊走貓空古道

今天的行程從貓空纜車站出口，走樟湖步道、待老坑山、樟樹步道、樟山寺，回到政大，正好整個上午。俊歌夫婦、信義學長、馬小姐、宣總（宣家驊總教官）等近百人，熱鬧滾滾。

△二月三日　星期二

給雅慧的〈按此模式向前行〉一文打完字，今天給我校對，大家也準備《會訊》發刊工作。

△二月五日　星期四　陰雨　在臺大混一天

今天上午合唱團練習日，淑美教新歌〈遠走高飛〉，下午聯合服務中心值班，今天在臺大混了一天。

△二月六日　星期五　陰　全國公教軍警聯合會成立

這些年來，公教軍警暨退休人員，被豬八戒台獨份子黨派拿來當政治鬪爭工具，打成「全民公敵」，真是情何以堪。吾等有何可以反制的力量？經近一年的籌備，終於「中華民國公教軍警暨退休人員聯合總會」，召開正式成立的第一屆第一次會員大會。從以下的宗旨和籌備陣容，可預測未來可發生一些力量。如後。

成立「公教軍警暨退休人員聯合總會」的意義與宗旨
—公教軍警是國家的資產—

一、公職人員的職責使命

我們公教軍警人員是國家公務員，都是在公部門服務，統稱「公職人員」，是政務推動的基石，是國家競爭力的關鍵，「公職人員」的神聖職責是捍衛憲法的價值，亦即保障基本人權為「公職人員」無可旁貸的責任。為國民服務，無怨無悔，除極少數不肖違法壞事者外，都是奉公守法，勞心勞力，有為有守，俯仰天地，問心無愧；即便退休之後，兩袖清風，淡泊明志，身無半畝，心憂天下，為人民所敬重！

二、公職人員是國家的資產

公教軍警務人員在崗位上兢兢業業、克盡職責，所作的努力與貢獻，是我們賴以存立於社會的憑藉，也是我們藉此展現專業價值的重要平台，更是我們實現報負及理想的園地，令人敬佩也倍值珍惜。經國先生曾說：公教軍警人員是國家的資產；是國家安全、社會安定、人民和諧等的支柱，支柱不可倒，值得令人深思與反省。

三、公職人員的尊嚴受傷

然而，說來令人感慨，曾幾何時，這幾年來公職人員（包括在職及退休）竟有如「人人喊打的過街老鼠」！這是少數的民代蓄意挑起社會對公職人員的仇視，公職人員的尊嚴受到嚴重打擊，是公職人員的不幸，也是國家的不幸，情何以堪！

四、公職人員的謙卑訴求

相信凡我全體公教軍警暨退休人員體內「都流著道德、責任、與榮耀的血液」，在國家及人民需要的時候，關懷弱勢，聞生救苦，擔任快樂志工，出錢出力，透過我們的共同努力與承擔，一定能做出了不起的付出與貢獻，再次贏得社會的敬重，讓未來子孫世世代代得以享有安居樂業的環境，打拼追求幸福、快樂、希望的人生目標，完善人生自我實現之境界。

五、成立「公教軍警暨退休人員聯合總會」的宗旨

1、集思廣益，提供政策建言。

2、關懷同仁，濟助弱勢，推行公益。

上午十點開始，包含籌備報告、通過議事規則、章程、年度工作、預算等。全程有公教軍警高官雲集，胡志強、朱立倫、江炳坤都到場致詞，前陸軍總司令陳廷龍也來了。

3、捍衛公教軍警人員的尊嚴與權益。

4、提昇公教軍警人員的競爭力。

總之，我們殷切呼籲社會各界善待公職人員的付出與貢獻，給與公職人員應有的肯定、支持與鼓勵，則國家幸甚，人民幸甚。

以上是「公教軍警暨退休人員聯合總會」籌備會的共同聲明：

召集人：林水吉、（前考試院秘書長，現為國策顧問）

籌備人員：陳榮洋、（前立法院司法及法制委員會主秘）

：簡明勇、（師範大學教授暨退休教授協會理事長）

：張世賢、（台北大學教授暨退休教授協會副理事長）

：陳合良、（台北市退休警察協會理事長）

：胡筑生、（陸軍官校校友會總會長、退役中將）

：張 賜、（全國公務人員協會理事長）

：詹益東、（台北市退休校長協會理事長）

：陳榮盛、（前教育部體育會副主委）

：沈賢銘、（全國公務人員協會秘書長）

：蕭東銘、（前衛生署食品衛生處處長）

：丁一倪、（台灣大學教授暨教授協會理事長）

：陳金庫、（前台北市政府工務局主秘）

：滕則權、（前調查局簡任主管）

：楊立德、（甘肅省同鄉會理事長、工學博士）

△二月十日 星期二 陰 《會訊》六十六期出刊

今天《會訊》第六十六期出刊，要寄出三百多份，部份網路版不寄。本會會員很多八十歲以上，還是寄出很多紙本會訊。志恒、雅慧、明珠、鍾老、秀錦多人忙了一個上午，到中午才全部完工。本期會訊重要內容有：

一、重要事情通知。

二、重刊上年度我在會員大會的報告。

三、刊〈按此模式向前走〉一文（見第三篇）。

四、各組長報告。

五、吳信義學長〈我所認識的方教授〉一文。

六、陳慶餘教授〈老化模式與衰弱歷程〉一文。

附件一：〈二〇一五年退聯會行事曆〉。

附件二：退聯會第十屆理監事及工作人員名單。

活動照片。

△春節前 祭祖準備

在我第一任理事長時，已有想到要辦個祭祖，但又想到這種事早已沒人幹了。故，去年春節團拜時，我只口頭說說祭祖，未有行動。

今年我左思右想，別人不想幹的事我未必不能幹，而且應該有些創舉，也是有意義的，值得辦。於是這幾天構思如何辦？並寫成一個計畫案，見第三篇，〈退聯會二〇一五春節祭祖說明案〉，今年先以簡易方式辦理，看看反應如何？做來年辦或不辦參考，這次算試辦。

寫「神位牌」和〈祭文〉，均見第三篇該文，完成佈置，並請志恒發佈訊息，歡迎會員參加觀禮。祭祖時間，訂在二月二十四日第一個上班日上午十點，地點就在退聯會辦公室。

△二月十五日　星期日　晴　文藝會議和四十四期遺眷關懷

上午到午後，在錦華樓大飯店開「青溪新文藝學會暨藝文論壇青溪新文藝編輯會議」，理事長林靜助先生總召集，中華民國青溪新文藝學會理事長姚家彥和國防部後備指揮部代表寇少校列席指導。到有各界作家、畫家；向明、吳東升、鄧月娥、麥穗、俊歌、楊正雄、邱琳生、文林、落蒂、蘭觀生、喻文芳、張秀媛、盧其周、鄒小姐、蔡雪娥、詹美玲、廖秀惠、劉玉霞、彭正雄和我等數十人。主要討論工作恢復青溪往日光輝，以及發行雜誌事。

下午和虞義輝約好，是四十四期理監事年前的遺眷關懷，去看看故鍾聖賜的夫人顏金滿女士，閒話家常不久，我即趕回台大，年節前雜事不少。

△二月十六日　星期一　陰晴　臺大三會幹部聯誼

這幾年「臺大三會」在小眾口中很夯，三會指臺大教職員工文康活動委員會三十五個社團中的三個聯誼會：食科所游若篍教授任理事長的教授聯誼會、學務處楊華洲先生任理事長的職工聯誼會、筆者任理事長的退休人員聯誼會。

因三會合辦不少活動，使三會幹部不僅有默契也有了私交。今晚我們在「臺大水源會館」餐敘，到有三會理事長，及幹部葉文輝、陳梅燕、陳志恒、陳昌枏、劉鵬佛、許秀錦、周宜樺、黃雪鳳、吳財榮等二十人多人，席開兩桌。

△二月二十四日　星期二　雨晴　祭祖、團拜

春節沒有任何異樣，照「程序、儀式」完成，每天上午和太太沿新店溪散步，下午寫作，晚上打混，八點多已然進入夢鄉。

今天也是春節後第一個上班日，退聯會理監事、組長照例到辦公室。今年我特別安排「祭祖」，詳見第三篇，〈臺灣大學退休人員聯誼會二〇一五春節祭祖說明案〉一文。

上午十點多退聯會祭祖完畢，大家趕到第一會議室，參加由校長楊泮池主持的團拜，前校長李嗣涔和孫震也來了，各級主管、退休人員近百人，讓會議室熱鬧起來。大家乘機敘舊，又有美食，團拜像一場溫馨的酒會，是臺大每年春節後的第一個活動。

△二月二十八日　星期六　晴

上午十點，先到「典漾會館」（在中華路一段），參加全統會春節團拜及理監事會。同時報告《中國全民民主統一會北京天津行》一書出版情形，也是擴大宣傳，請信義師兄辦理買書登記。

十一點，趕到師大綜合大樓，參加簡明勇理事長主持的「中華民國大專院校退休同仁協會」理監事會，討論如何集中退休人員的力量，反制政治抹黑。

下午，和關姊、志恒連繫確定三月十一日去看沙依仁教授（前退聯會理事長），本會關懷組始終沒有踏出一步，此行也是試試水溫。

△三月一日　星期日　陰　臺大登山會新春開登領紅包

臺大登山會每年春節後第一個節目，就是「新春開登」，並在終點站由會長親自發紅包，一個一百元的紅包意義很大，每年都至少有二百人參加。

八點在動物園門口集口，九點多就到終點青龍宮，許多好友聊八卦，信義和俊歌師兄、小馬、宣總、張靜二教授夫婦等，排了約一公里的長龍。

△三月六日　星期五　晴　參加文協理監事會議

晚上六點，在「台北花園酒店」一樓「六國餐廳」，參加由中國文藝協會理事長王吉隆（綠蒂）先生，所主持的理監事會，主要討論「五四文藝節」事宜。

碰到文壇詩界朋友，涂靜怡、落蒂、彭正雄、林錫嘉、楊寶華等多人。席間，與落蒂談辦「一信詩學研討會」事。

△三月九日　星期一　陰晴　福心會遠足

今天五個老同學（我、林鐵基、高立興、袁國台、童榮南）和四十二期周立勇學長一行六人，到木柵茶園「遠足」，走樟樹步道看魯冰花、杏花林，中午在「大觀園」吃飯，飯後到一家茶廠飲茶，兩點多才下山。

△三月十日　星期二　陰雨　偕志恒參加校長退休茶會

今天是退聯會例行上班日，鵬佛、志恒、明珠、雅慧都到了，秀錦出國。大家討論近期一些重要工作，理監事會、演講、慶生會等。

下午二時，我和志恒參加由校長楊泮池主持的「退休人員茶會」，每回校長、退休代表致詞完，就是我上台報告「退休人員聯誼會」概況，志恒也先把入會表分發大家。今天填表入會頗眾，我看志恒忙著填寫收據，收一大袋錢，感謝她很用心，最近要去看沙教授，也等於又叫她做關懷組的事。

今天的退休茶會人也多，按座位圖有：何寄澎教授（以下名銜均略）、關玲玲、李公哲、蔣梅富、林萬龍、陳瑞堅、張重昭、謝傳璋、潘俊滿、柯杜富榮、黃天祥、張珏、高成炎、吳忠政、陳慈玉、孔慶華、林東燦、張帆人、莊桂蓮、田美蕙、蔡丁貴、林凱信、劉清、韋寶蓮、劉曉青、曾顯雄、何國傑、廖天威、莊秋娥、陳郁文、吳青松、賴美淑、沈穗貞、吳惠美、余英政、何月珠、向新楷、白綺萍、吳文鈴、饒錦花、吳嘉興、許慧楨、謝世堯、吳秀妹、林秀菊、周淑君、陳姵君、林彥慧、歐秋屏、李清軒、鄭銘彰、林榮輝、阮偉紘、葉曉萍、蕭恩隆、李百珣、林淑靜、曾冠菱、郭芝、連富良、薛雯琳、余淑美、林意茹、鍾玉潔、夏湘華。計六十五人，退最多的一次，最近公務員流行提早退休，大家都不想混了。

△三月十一日　星期三　雨　退聯會一行探視沙教授

高齡八十多的沙依仁教授（本會第五、六任理事長，本校社會系教授，前校長閻振興的英文秘書），自從去年底來參加會員大會，又很久沒見到她了。我曾要去她推說不方便，一年多來，她因小中風一直在復健，出門諸多不便。

最近我請志恒、關姊連繫她，約好今天上午多位退聯會代表要來看她，還有李鴛鴦、陳明珠、陳美枝、吳元俊夫婦，和我一行人真熱鬧。從九點多聊到快十一點，聽沙教授談她在一貫道的心得，以及數十年前職場上大家相處的趣事。

本會從「關懷組」成立，始終沒有跨出半步，我身為理事長有責任。我在辦公室曾對各組長說「因緣未俱足」，不做，但我總覺不妥，今天算是起步，慢慢的推或許有些進展。

△三月十二日　星期四　陰雨　教聯會餐敘

教授聯誼會內幾個要好的朋友，每月有個小餐會，大家輪流當「莊主」。今晚在公館峨眉餐廳，莊主是蘇瑞陽教授，到有前學務長羅漢強教授、教聯會理事長游若簌教授、政治所官俊榮教授、葉文輝教授和我，還有陳梅燕、陳梅香。

△三月十四日　星期日　晴　杜鵑花節校門口值班

每年三月是台大的杜鵑花節，志工在校門口值班，下午輪到我。人山人海的高中學生湧入校園，連淡江大學的學生也在校門口「拉客」，可見台大很夯。

下午也約佳莉到台大校園照相，父女在校門口、傅鐘和行政大樓前各照幾張，以後每年此刻計劃父女在同地點照相留念。

△三月十六日　星期一　晴　秀錦代表參加文康預算會

今天中午文康活動委員會主委江簡富教授，在文康室（台大巨蛋）主持年度預算會議說明。我因早已掛號榮總看牙和眼睛兩科，請秀錦代表參加。

△三月十七日　星期二　晴　理監事會和評古說今座談

今天上午九點到午餐在校本部第二會議室，分兩段節目，前半是理監事會，各組例行工作報告，我提示未來兩個多月的重要工作，大約是向文康會提成果報告、慶生會、歷屆理監事回家三要項。

後半段是我主談的座談會，詳見第三篇〈趣味閒聊幾個「非常嚴肅」的議題：評蔣毛等十一人功過〉一文。

△三月二十六日　星期四　陰雨　主任教官會餐

今天中午在華國飯店，有退休主任教官、教官會餐，到有：總教官李長嘯將軍，其他是信義、俊歌、楊長基、吳普炎、陳國慶、鄭大平、孫彭聲、周錫郎和我。另來賓林素銀、俐華、李永正（總教官子）

△三月二十七日　星期五　雨　遠足

今天幾位好友相約到木柵茶園遠足、吃飯，有我、俊歌、小馬、信義、蘭觀生、許自行。

△四月三日　星期五　晴　大人物文友聚會

晚上，大人物文友聚會，陳在和、傅明琪、方飛白、老范、明興、薛少奇、詩文、家業兄、陳於志、徐宇薇、楊寶華和我。大家喝酒、聊天、唱歌，直到快午夜才一一散去。

△四月十四日　星期二　晴　慶生會最後準備

下週二慶生會，按志恒連繫有五十多人，並請排舞社表演。秀錦負責經費和餐飲，今天大家做最後準備，志恒做事很細心、主動，她辦事我放心。

△四月十六日　星期四　晴　合唱團練唱

下週二的慶生會，開場我致詞後，合唱團唱兩首新歌，〈給你們〉、〈風吹的願望〉；接著我吉他伴唱三首老歌，〈蘭花草〉、〈古月照今塵〉、〈再會吧原野〉，都在今天做最後練習。下午在聯合服務中心值班，今天在台大忙一天。

△這月與妻玩「花」遠足不亦快哉

妻退休後加入台大排舞社、國畫社，玩的不亦樂乎！四月廿一日退聯會辦生日宴會，邀排舞社同樂，妻亦參加。國畫社最近功課是「花」，我們在每日上午的溪邊健走，我以花為主題，她也幫忙想句子，做了以下打油詩：

花花世界著人迷，朵朵誘人不稀奇；
看花賞鳥好心情，園丁辛苦沒休息；

阿花阿枝真可愛，吸引大家一起來；
陽光青草多燦爛，紅花綠葉好精彩。

花叢中過不染塵，懷疑自己還真神；
花花草草任她長，莫非老夫有慧根。

群花花香到處飄，引得蜂蝶快樂叫；
人間快活得小心，可能有花是狐妖！

阿狗阿貓愛阿花，阿花說她愛中華；
有誰領軍登大陸，鐵定嫁他不二話。

她學國畫才一年，我看已有很好成果，應和她興趣有關。她弟弟小時候學校的畫畫作業，都是她代筆完成，希望她的國畫、排舞玩的快樂。最近她有一幅畫，杜鵑花旁有一隻大公鷄，我觀「鷄情」，提一首打油詩：「**江湖上誰與爭峰，那些鼠輩那顆蔥；老夫一鳴天下亮，養兒育女不輕鬆。**」

上週五（四月十七日），與妻到內洞遠足，我們乘公車849到烏來，下車就健行到內洞，沿途山明水秀空氣好，單程兩個半小時，來回五小時，至少走了十五公里以上。真好！夫妻難得有共同興趣，我們每日健走兩小時，已有兩年，打算走到不能走為止。

△四月二十日　星期一　晴

明天慶生會，估計有七十人，志恒今天到辦公室做準備，明早她也早到，這次活動都是她在忙，真是很感謝她。排出了分工內容如下。

臺大退休人員聯誼會擴大慶生會

104.04.21 工作分配表

職務	姓名/聯絡電話	工作內容
主席	陳福成	
總召集人	何憲武	
活動組	許秀錦	活動行程安排、場地申請
會員組	陳志恆	事先確認參加人員
總務組	許秀錦、陳明珠、鍾鼎文	經費處理
採購組	許秀錦、陳明珠	準備食材、茶水餐具、準備名牌、海報看板
攝影組	吳元俊	照相、物品擺設、會場布置、攝影
新聞組	劉鵬佛、陳昌栩	聯絡秘書室新聞發佈
報名組	謝玉美、陳志恆、許秀錦	貴賓邀請卡、報名表、報名通知、收取報名費、現場退費

△**四月廿一日　星期二　晴　慶生會**

這次慶生會辦的很成功，我簡單致詞後，開始合唱團唱老歌和新歌，排舞社表演後開放卡拉ＯＫ，熱鬧一個上午，中餐也不錯。我們每次慶生同樂會，中餐都辦得很好，要感謝公主「秀錦」。

今天到的會員也多，有六十人左右，下面是有登記名單，臨時也有幾位突然來的，凡來的都歡迎。有排舞社助陣使現場活潑許多，我當場向排舞老師蕭玫貞小姐邀請，未來常參加退聯會活動，並請志恒任連絡人。妻今天也參加排舞演出，看她玩的好開心。

	會員編號	姓名	生年	生月	單位
	469	林徐蘭香	32	11	總務處
	644	曾萬年	34	04	漁科所
60至70歲18人	640	陶錫珍	35	07	生科系
	832	楊小定	36	04	文學院外文系
	672	陳昌枏	36	08	進修教務組
	536	吳連菊	37	02	總務處
	411	陳炎明	38	03	醫院
	609	劉清美	38	04	學務處
	723	江文章	38	05	食科所
	459	劉鵬佛	38	06	學務處
	556	許雪娥	38	12	總務處
	546	戴芬芝	39	01	
	n	韋寶蓮	39	04	醫院微生物學科
	469	謝玉美	40	10	農學院
	598	鄭丹楓	41	03	食科所
	348	陳福成	41	06	軍訓室
	504	陳新翼	42	01	管理學院
	604	林映月	43	10	會計室
	678	邱淑美	44	06	計資中心
	464	吳元俊	44	09	軍訓室
60以下5人	659	陳明芬	45	04	管理學院
	673	許秀錦	47	03	總務處
	718	史靜玉	48	01	社科院會計組
	725	莊桂蓮	49	01	生科院生態演化所
	633	陳志恒	49	09	註冊組
	s	張秀娥			合唱團
	z	蕭玫貞			排舞老師
	z	鄭秀鳳			排舞社
	z	曹　純			排舞社
	z	潘玉鳳			排舞社
	z	劉靄嬌			排舞社
	z	張麗霞			排舞社

	會員編號	姓名	生年	生月	單位
90以上3人	211	郭王果錢	12	02	總務處
	211	郭　恕			（王果錢之子）
	029	鐘鼎文	13	01	軍訓室
	176	方祖達	14	02	農學院
80以上90以下15人	154	洪林寶祝	15	03	醫學院
	321	劉仁宏	15	03	醫院 X 光科
	246	林添丁	15	09	理學院
	085	翁仙啟	15	11	總務處
	158	連興潮	15	11	醫學院
	143	王　忠	16	09	法學院
	143	張鳳嬌			（陪伴王忠的）
	202	劉天賜	16	12	農業陳列館
	231	紀張素瑩	18	01	圖書館
	121	周崇德	18	03	文學院
	192	曾廖日妹	20	07	醫院
	166	楊維楨	21	05	工學院
	499	汪　淮	22	03	農學院
	339	楊建澤	22	05	農學院
	344	蔡燕	24	03	總務處
	365	許進鏘	24	03	圖書館
70至80歲17人	527	鍾張鶯喬	25	05	圖書館
	133	蕭富美	26	10	社科院
	332	余素婉	28	12	醫院護理部
	341	呂芳蘭	28	06	總務處
	376	紀昭雄	29	06	總務處事務組
	571	陳斐娜	30	12	註冊組
	714	林碧珠	30	04	文學院中文系
	438	黃忠雄	30	09	理學院
	658	林進歲	31	11	醫學院
	475	周羅通	31	08	醫學院
	548	何憲武	32	09	醫學院
	026	陳美枝	32	06	軍訓室
	z	關麗蘇	32	06	
	426	林義男	32	07	社會系
	022	吳普炎	32	08	軍訓室

慶生會風采

△四月三十日　星期四

下午在聯合服務中心值班，晚上參加「台大職工會」年度會員大會。

△五月五日　星期二

整理「一〇三年退聯會成果報告」（全文見第三篇專文），準備呈報文康委員會。

△五月七日　星期四　晴　下週節目準備

下週二是「歷屆理監事組長回娘家同樂會」，上午合唱團練習，新歌選定〈風吹的願望〉和〈想要你也難、不想你也難〉，老歌選定〈捉泥鰍〉、〈茉莉花〉和〈龍的傳人〉。

△五月八日　星期五

今天中午是「福心會」第十三年第四十次餐敘，地點在三軍軍官俱樂部。參加同學有：路復國、解定國、高立興、曹茂林、余嘉生、王利群、童榮南、袁國台、張哲豪。這次餐會也是小路新著《俄羅斯血娃》新書簽名會，小路這次開始加入本會。

△五月十二日　星期二　雨晴　歷屆理監事同樂會

此項活動構想另見第三篇〈專文〉。

今天要辦活動，颱風在早晨就走了，約九點雨也停了。所以致詞時我首先要大家鼓掌謝謝老天爺，今天活動從頭到尾都很熱鬧，有排舞社助陣，現場氣氛很活潑。

利用辦這個活動機會，志恒把歷屆理監事的現狀，統計的很清楚（如後表），我們的工作人員經這幾次活動，也摸出了固定模式（如後）。

台大退聯会歷屆理監事可務加人

編號	原單位		姓名	備註
026	軍訓室	教	陳美枝	06.07.08.09.10理事
029	軍訓室	教	鍾鼎文	02.03.04.05.06.07.08.09.10理事
044	總務處	職	林 參	02.03.04理事
127	理學院	教	李學勇	01.02.03.04.05.06理事
133	社會科學院	教	蕭富美	02組長 04.05.06監事
144	法學院	工	王本源	01.02.03.04.05.06.07.08.09.10理事
166	工學院	教	楊維楨	01.02理事
175	農學院	教	徐玉標	04理事
176	農學院	教	方祖達	02副理事長 03理事長 04.05理事 06名譽理事 08.09監事 10監事主席
184	農學院	職	路統信	02監事主席 03副理事長 04.05.06.07.08.09.10理事
188	農學院	教	康有德	04理事
246	理學院	職	林添丁	04.05.06.07.08.09.10理事
254	附設醫院	職	謝美蓉	04.05.06.07.08理事
339	農學院	教	楊建澤	02組長 04理事長 05.06.07.08監事 06名譽理事 09理事 10監事
348	軍訓室	教	陳福成	08理事 09.10理事長
373	農學院	教	許文富	05.06副理事長07.08.09理事
404	農藝系	教	朱 鈞	05理事
459	學務處	職	劉鵬佛	05.06.07.08.09.10理事
469	總務處	工	林徐蘭香	05理事
540	學務處	職	陳明珠	06.07.08理事 09.10組長
548	醫學院	教	何憲武	06理事 07.08.09.10副理事長
556	總務處	職	許雪娥	07.08監事
570	總務處	職	茅增榮	06理事
590	理學院	教	梁乃匡	09.10監事
600	農學院	教	丁一倪	07.08理事長 09.10理事
613	研教組	職	杜雅慧	07組長 08.09.10理事
663	註冊組	職	陳志恒	09組長 10理事
672	進修教務組	職	陳昌柟	10副組長
673	總務處	職	許秀錦	09組長 10理事
678	計資中心	職	邱淑美	10監事
701	社科教分處	職	林意婷	10理事

歷屆理監事名單 (不參加2015 0512 回娘家的)

編號	原單位		姓名	備註	有效與否
001	祕書室	職	彭振剛	01副理事長 06.07監事	98.09.19歿
005	教務處	職	曾廣財	01.02.03.04理事	98.07.16歿
013	學務處	職	范信之	02組長 03.05理事	y
016	學務處	職	劉祥銘	01.02.03理事	97.02.14歿
018	軍訓室	教	宣家驊	01.02理事長 03監事主席 04副理事長 05理事 06名譽理事	y
019	軍訓室	教	蔣賢燦	01.02.03監事 04監事主席	103退會
033	軍訓室	教	鄭義峰	03監事	y
035	軍訓室	教	歐陽儒驥	01.02理事	97.12停權
036	軍訓室	教	鄭大平	09.10理事	y
042	總務處	職	陳汝淦	01.02.03.05理事	停權
052	總務處	職	鄧 華	01.02.03.04監事	102.11停權 已歿
109	圖書館	職	王鴻龍	01.02.03理事	y
117	文學院	教	羅聯添	01監事主席	94停權 104歿
118	文學院	教	周駿富	01.02.03監事	y
137	法學院	教	沙依仁	04理事 05.06理事長 07.08.09監事主席	y
141	法學院	職	車化祥	02.03.04.05.06.07理事	y
157	醫學院	職	黃秀實	01.03理事	95.12停權 已歿
160	醫學院	教	張丙龍	01理事	停權 已歿
164	工學院	教	李常聲	01監事	95.12停權
187	農學院	教	郭寶章	01.02.03理事	y
189	管理學院	職	董元吉	01理事	y
196	農學院農試場	工	吳琴萱	02監事	97.09.03歿
198	農學院家畜醫院	職	萬 能	01理事	87.07.20歿
222	總務處	工	高萬成	02理事	89.04.27歿
275	附設醫院	職	曾燕青	02.03理事	95.12停權
310	學務處	職	夏良玉	02組長 05.06.07理事	92.12.30歿
313	法學院	教	張甘妹	04監事 05.06監事主席	y
394	理學院	職	陳雪嬌	05.06.07.08監事	y
400	農學院	教	吳銘塘	03理事	y
416	總務處	工	劉秀美	05.09監事	y
425	總務處	職	翁 文	04監事	y
464	軍訓室	教	吳元俊	05.06.07.08.09.10理事	y
580	社科學院	職	黃存仁	06.07.08.09.10理事	y
640	生命科學系	教	陶錫珍	09.10理事	y
662	總務處	職	高閩生	09.10監事	y

臺大退休人員聯誼會歷屆理監事組長回娘家同樂會

一〇四年五月十二日工作分配表

職務	姓名／聯絡電話	工作內容
主席	陳福成	
總召集人	何憲武	
司儀	陳美枝	現場主持
活動組	許秀錦	活動行程安排、場地申請
會員組	陳志恆	事先確認參加人員
總務組	許秀錦、陳明珠、鐘鼎文	經費處理
採購組	許秀錦、陳明珠	準備食材、茶水餐具
攝影組	吳元俊	照相、物品擺設、會場布置、攝影
招待組	劉鵬佛、陳昌枏	接待會員
報名組	陳明珠、杜雅慧、陳志恆	貴賓邀請卡、報名表、報名通知、收取報名費、現場退費

△五月十五日　星期五　晴　秘書室志工餐敘

上回志工餐敘，在校內鹿鳴堂，共有二十一人，但鹿鳴堂條件不佳，上回就決定在海霸王。老楊和海霸王總經理游千慧（美玉）關係好，每年在海霸王有一百多桌生意，結果同樣以每桌六千五價，在景觀好、空間大的八樓大包廂，菜色比鹿鳴堂好很多，人才到十五人。

可見便宜又好的地方，但方便性不足，依然大打折扣，到底要方便，還是「便宜大碗」？下回或許先做個問卷調查，尋找「最大公約數」，可能校內最方便。這次會餐簽到如下。

臺灣大學秘書室志工餐敘人員簽到

姓名	簽到	備註
吳元俊（俊歌）	俊歌	時間：二〇一五年五月十五日（五）午一二〇〇時 地點：中山北路海霸王 感謝楊哥訂餐位、感謝每個參加人
陳蓓蒂	陳蓓蒂	
楊長基	楊長基	
朱堂生	朱堂生	
陳福成	陳福成	
陳美枝	陳美枝	
吳宗男	吳宗男	
莊慧君	莊慧君	
陳美玉	陳美玉	
叢曼如	叢曼如	
郭正鴻	郭正鴻	
許文俊	許文俊	
簡碧惠	簡碧惠	
林嘉愛	林嘉愛	
林玟妤	林玟妤	

△五月十六日　星期六　晴　太太國畫我提詩

太太最近畫國畫有心得，她參如「台大金石社」有一年多了。本週她們畫聖誕紅，有兩幅得到老師的贊賞，叫我提打油詩：

聖誕花紅喜洋洋，平平安安好吉祥；
禮輕情重愛永恒，紅燭照耀鈴聲響。
笑臉常開心花放，陽光綠葉胸寬廣；
一花一葉一世界，花中天堂一扇窗。

△五月二十五日　星期一　雨　夏麗月走了

會員夏麗月走了，今天上午八時半公祭，台大退聯會正好排第一個公祭團體，本會十多人到場參加。她六十九歲就走了，大家感嘆人生無常，要過好每一天，快樂自在最重要。

△五月二十七日　星期三　晴　志工英文講習

今天在校本部第四會議室，舉辦秘書室志工英文講習，到有叢曼如、孫洪法、郭麗英、王淑君、孫茂玲、簡碧惠、蔡芸娜、陳蓓蓓、王來伴、許詠捷、鄭丹楓、謝玉美、劉慧文、許文俊、郭耀東、劉秋娥、吳元俊、陳福成、陳美蘭、蔣幸珠。

△五月二十八日　星期四

今天下午到聯合服務中心值班，聽到八卦曰：「台南市長賴清德要拆蔣公銅像，改放一個日本人的……」有感賦詩一首。

將軍戰馬今何在？殘花敗柳佔高臺，
古今忠良蒙冤多，真相遲早會大白。

△六月二日　星期二　晴　理監事會

今天在校本部會議室開理監事會，新上任的關懷組長利用五十分鐘講「臨終關懷」一些事。另外大家也討論本會「百萬基金」問題，依然無解，只能期待所有當理事長的人，完全「沒有問題」。

俊歌提案，請落實前會員會大會已通過當完理事長的人，均聘為本會榮譽理事。（見第三篇專文說明）

△六月五日 星期五 晴 聞小英訪美

現在這位台獨掌門人蔡英文，若不去搞政治，應該也很難當個好女人，可惜生在台獨世家。近聞她訪美，有感賦詩一首：

人間正義維持難，邪魔歪道最難纏；
中華民族如今夯，綠毒台獨顛也頇。

△六月十六日 星期二 晴

今天是母校陸軍官校校慶，也是我陸官四十四期畢業四十週年，好像瞬間過了四十年。

今天也是本會（台大退聯會）的迎新同樂會，我身為理事長，當然是以此為重，故未去鳳山，迎新活動詳見第三篇專文。

△六月十八日　星期四　晴　合唱團練〈青花瓷〉

前兩次練唱因其他事未到，今天練〈青花瓷〉、〈我和草原有個約定〉，我都不熟，課後再練習。我倒喜歡〈青花瓷〉的詞，可以是「散文詩」範本。

△六月二十一日　星期日　晴　爬山

跟著「台大登山隊」走快二十年了，現在只走走郊山，今天走福州山（舊彈藥庫），路有些難度（後半段），我和妻都有點累。

△六月二十三日　星期二　雨　台大又被轟得滿頭包

台大經常有頭條新聞，如前陣子有「台大對不起國家社會」說法，因為盡出李登輝這種漢奸敗類，似乎有些道理。但深思之，也不能因此打翻一船人，世間到處是這類問題，我不信哈佛、牛津等名大學，建校以來沒一個社會敗類。大陸河山怎麼丟的，不是我黃埔軍校老大哥們搞掉的嗎？難道還怪對手太厲害嗎？真要追責，老校長率所有老大哥切腹謝罪，恐怕還不夠呢？

但台大出了李登輝這種漢奸敗類，也只能說因這顆老鼠屎壞了台大這鍋好粥。

今天又有台大頭條新聞，雖和退聯會無關，和我理事長也無關。但台大人總關心台大事，後有剪報，「登山募款」一事，我認為根本是白目，搞不清狀況；林火旺教授講的品德倫理教育，我以為也是白做工，台灣社會的沉淪已是無救的，台獨搞垮台灣，光轟台大是沒用的。

△六月二十五日　星期四　晴

今天中午總教官李長啸將軍與各主任教官餐敘，有俊歌、孫彭聲、吳普炎、吳信義、鄭大平、楊長基、陳國慶、周錫郎和我參加，地點在海霸王。

本校生登山募款事，連日挨轟，今天老師和學生有說明，如下剪報。

联合報　台大生募款登山挨轟　2015.6.24.

開課老師：不認為募款失敗

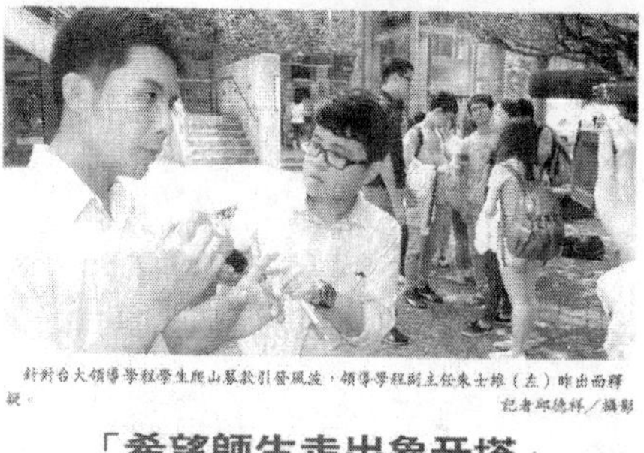

針對台大領導學程學生爬山募款引發風波，領導學程副主任朱士維（左）昨出面釋疑。
記者邱德祥／攝影

・不該把向企業募款的企畫書放在網路，讓大家誤解要向社會募款。

・這次募款是正向經驗，讓師生都學到一課，事後仍有企業認捐。

【記者張錦弘／台北報導】修台大領導學程的廿五名學生，因募款五十萬元爬南湖大山，引發熱議。學程副主任、物理學系教授朱士維說，他和學生犯的錯，在於不該把向企業募款的企畫書放在網路，讓大家誤解要向社會大眾募款。

「希望師生走出象牙塔」

台大：會記取這次教訓

△六月二十六日 星期五 晴

一群「台大・佛・文藝」共同朋友，中午在華國飯店餐敘，到有：俊歌、馬鳳姿、林俐華、陳淑貞、蘭觀生、孫彭聲、關麗蘇、楊長基、吳信義、林素銀和我，共十一人，另有彭正雄，臨時身體不適未到。

△七月二日 星期四 晴

上午與妻到台大校園散步，沿舟山路綠色走廊→明達館→黑森林→醉月湖，沿途有三好：風景好、空氣好、人也好。十點帶妻參加退聯會合唱團，她第一次參加。

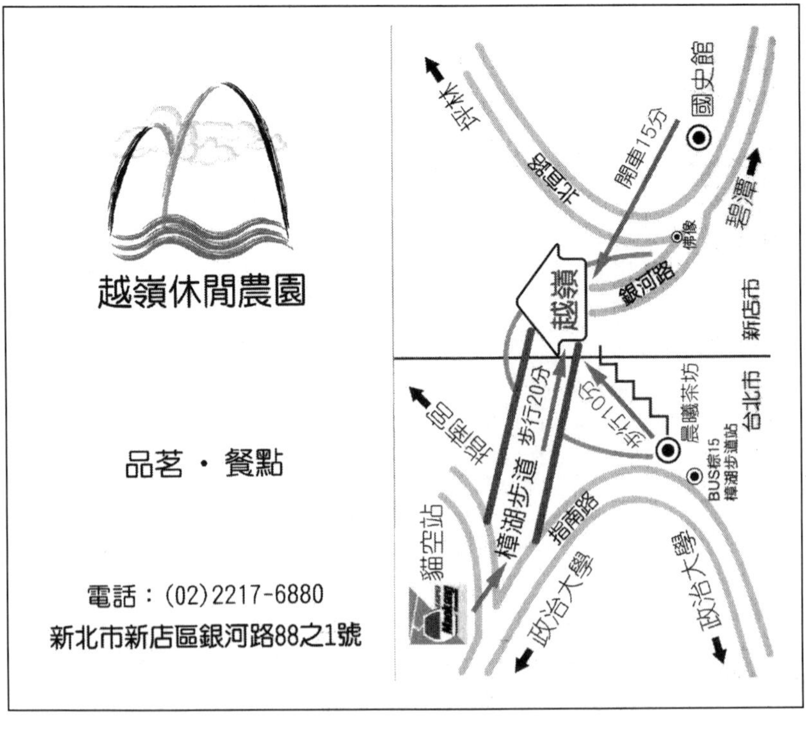

△七月六日　星期一　晴　同學遠足

約幾位同學到木柵茶園散步，這是每隔約一個多月一次的遠足。今天到：高立興、解定國、童榮南、王力群、周立勇學長和我，共六位。

到一家在很深山的「越嶺休閒農園」吃飯，這裡知道的人很少，上回是我帶太太來。

△七月十一日　星期日　晚上大人物聚會

昌鴻颱風過了，正好今晚大人物文友聚會。

聚會另一個目的，是揚松要幫我辦新書發表會，《囚徒》出版了，五千五百行的長詩，今晚到有：范揚松、吳明興、方飛白、吳家業、劉台平、傅明琪、薛少奇、許文靜、楊宇霞、曾詩人、藍清水、封玫伶、洪禎鴻。

這群老友，按時由楊松招集聚會，真是謝謝他，個個都有點來頭。

△七月十三到十七日　星期一～五　佛學夏令營

本週參加年度佛光山佛學夏令營，今年在三峽金光明寺舉行，我和信義學長參加。十三日晚上報到，四天裡除早晚課、出坡、小組討論，主要佛學課程有：

◎覺多法師，「談禪，禪宗法脈《六祖壇經》」。

◎依空法師，「禪與現代人的生活」。

◎鄭石岩教授，「禪淨雙修的要義」。

◎永藏法師，「淨土思想與現代生活」。

◎慧開法師，「生命昇華的世界」。

十四日上午開營，星雲大師到場向大眾開示，並和大家合照，第二天的人間福報刊出。（如後）

△七月二十一日 星期二 晴 師兄趙叔鏗來聚

師兄趙叔鏗教授，暑假自美國講學回來，特與大家參加上週金光明寺的「佛光山佛學夏令營」，結束後，相約今天來台大。十一點多，信義師兄帶他到退聯會辦公室小座，中午我和信義、俊哥三人，在鹿鳴宴請他，相談甚歡，千載良緣，

2015年7月15日 星期三 人間福報 Merit Times 覺世 8

散播愛與慈悲 4百教師共精進

教師佛學夏令營開營 大學教授提問如何在校園推行人間佛教 星雲大師：以三好助青年樹立人格

講好他回國就聯絡大家。

△七月二十三日　星期四　晴　與會長劉學慧議事

晚餐和師姊學慧見面餐敘，主要是介給兩個人給她，確定這二人對她、對佛光會有幫助。多年來台北教師分會，會員成長好像不多！

△七月二十八日　星期二　晴

《會訊》第六十八期今天發出，上午概略討論八月慶生會事。聯絡曾小姐，關於關懷組長楊吉定先生告別式事，好好個人，突然不見了，大家都很震驚，何況他才六十二歲，人生真是太無常了。

晚上「台大逸仙學會」，在公館峨嵋餐廳餐敘，也討論後天會員大會的事。這次主要是游教授任期到，新會長黃宏彬接任，今晚也來了。

△七月三十日　星期四　晴　台大逸仙大會

下午五點半，台大逸仙學會在「巨蛋」開會員大會，主要選新會長黃宏彬教授（農工系主任、前桃園縣副縣長、前教育部高教司司長），順利高票當選。

會中大家討論議題，集中在如何恢復「逸仙」往日榮景，大家都認為馬英九太天真，中計了，黨全面退出校園的結果，是獨派全面進入各校園。

△八月一日　星期六　晴　參加實踐家專同學會

這是一個女人們的聚會，因有個女生帶老公來，妻要我去陪他，以免一個男生孤單。餐會在「舒果」（重慶南路一段五十八號），吃到下午三點多才結束。

△八月四日　星期二　晴　同樂會最後一次協調會

下週二是慶生同樂會，今天最後一次協調會，鵬佛、志恒、雅慧、意婷都到，準備工作大致完成。現在大家對辦活動，已經練出一個「模式」，我輕鬆很多。

△八月八日　星期六　蘇迪勒颱風、父親節

父親節，孩子要請吃飯，颱風延後。

唯一的一張父親節賀卡，顯得珍貴，放這裡當紀念。

△八月九日　星期日　晴　一信詩學研討會

中午在銀翼餐廳辦「一信詩學研討會」，到有：彭正雄、鄭雅文、林錫嘉、陳寧貴、落蒂、綠蒂、一信、趙化、曾美霞、龔華、墨韻、謝輝煌、蔡富澧、莫渝、陳文發、丹萱、徐大和我約二十多人。

△八月十日　星期一　晴　楊吉錠公祭

關懷組長楊吉錠先生意外走了，我和昌枏兄、志恒、俊歌、美枝姊代表本會公祭，我特為他寫一篇祭文送行。

祭國立台灣大學退休人員聯誼會關懷組長楊吉錠先生文

中華民國一〇四年八月十日，本會代表謹以香花酒醴之儀，致奠於吉錠先生之靈前曰：

嗚呼！吉錠！其逝也耶？其溘然而長逝也耶？先生大去，本會從未知也！而遽逝也耶？才記得兩個多月前，先生在本會理監事會演講〈養生保健〉等銀髮族功課，席間也同時請您擔任本會關懷組長事，向會員報告介紹。不久，間接得知先生因故已往生極樂，其信然而逝也耶？嗚呼！天實為之，謂之何哉！

本會辦公室同仁與先生初識，但已能感受到先生有心想為台大退休銀髮族群服務。奈何！天不從人願，人生無常，緣起則聚，緣滅則散，因緣法中，吾人未能盡知也。惟「三界唯心、萬法唯識」，先生有此一真誠服務之心，本會深慶得人，本會以你為榮。

嗚呼！聊表虔誠，望先生放下萬緣，放心西行，一路好走。謹具時儀，倚靈一奠，先生有知，庶幾來格。尚饗

台灣大學退休人員聯誼會理事長陳福成率全體會員代表致祭

△八月十一日　星期二　晴　慶生同樂會

籌備數月的慶生會，今天上午九到下午二時，在本校巨蛋文康舉行，除下列正式報告，尚有臨時來的王來伴、鍾鼎文、邱淑美等，總計今天到六十多人，大家唱跳不亦樂乎！除本校排舞社，第一次邀請「陳美枝小提琴隊來演出。」本會辦活動，日前已練出極佳模式。

台大退休人員聯誼會一〇四年八月十一日擴大慶生會報名資料（依會員編號排序）

1	022	吳普炎	32	08	軍訓室
2	026	陳美枝	32	06	軍訓室
3	158	連興潮	15	11	醫學院
4		連 偉			
5	176	方祖達	14	02	農學院
6	184	路統信	17	10	農學院
7	192	曾廖日妹	20	07	附設醫院
8	348	陳福成	41	06	軍訓室
9	384	王文英	31	07	計資中心
10	416	劉秀美	29	08	總務處
11	459	劉鵬佛	38	06	學務處
12	464	吳元俊	44	09	軍訓室
13	467	王慶平	37	04	附設醫院
14	469	林徐蘭香	32	11	總務處
15	475	周羅通	31	08	醫學院
16	499	汪 淮	22	03	農學院森林系
17	548	何憲武	31	09	醫學院
18	556	許雪娥	38	12	總務處
19	563	姜苑枝	34	07	總務處
20	598	鄭丹楓	41	03	農學院
21	609	劉清美	38	04	學務處
22	613	杜雅慧	42	04	教務處研教組
23	615	王潤身	48	01	軍訓室

台大退休人員聯誼會一〇四年八月十一日 擴大慶生會報名資料（依會員編號排序）					
24	644	曾萬年	34	04	漁科所
25	657	歐陽忠惠	40	02	社會科學院
26	660	孫琇蓮	35	07	計資中心
27	661	吳賴雲	35	12	土木系
28	663	陳志恒	49	09	註冊組
29	670	駱秋英	36	09	生農學院動科系
30	672	陳昌枏	36	08	進修教務組
31	695	蕭本源	49	03	理學院海洋所
32	701	林意婷	52	12	社科院教務分處
33	714	林碧珠	30	04	文學院中文系
34	718	史靜玉	48	01	社科院會計組
35	722	吳惠美	49	01	教務處課務組
36	723	江文章	38	05	生農學院食科所
37	724	廖天威	54	10	軍訓室
38	725	莊桂蓮	49	01	生農院生態演化所
39	s	張秀娥			合唱團
40	z	鄭秀鳳			排舞社
41	z	潘玉鳳			排舞社
42	z	張麗霞			排舞社
43	z	劉靄嬌			排舞社
44		王本源			
45		林義男			

△八月十八日　星期二　晴

今年四次大型生日同樂會，終於到上週二辦完，大家放輕鬆。今天辦公室只有我、雅慧和方教授，其他人都放假了，三人在辦公室聊天，雅慧說和我同進退，聊到有那位合適的理事長，可以接我這理事長一職……

△八月二十二日　星期六　晴　《路》新書發表會

中午在「公務員人力發展中心」，參加時英出版社吳心健先生主辦，《路》新書發表會。作者是北伐軍第四軍軍長黃琪翔之子，香港作家黃向明，按資料簡介如下：

本書作者向明乃名門之後，雙親爲中國現代史傳奇人物。

其父黃琪翔：（1）「北伐名將」，年僅29歲就榮升全國聞名的北伐軍第四軍——「鐵軍」軍長。葉劍英時任其參謀長。（2）「抗日功臣」：抗戰期間，任集團軍上將總司令，指揮過上百次大小戰鬥和戰役，重創日寇，勛勞卓著。1943年任中國遠征軍副司令長官。指揮了震驚全球的「滇西緬北戰役」。在盟軍配合下全殲日軍精銳部隊五萬餘人，收復國土24000平方公里，爲抗戰期間空前絕後的偉大勝利。（3）「國民黨」副總統陳誠的恩師，又與「共產黨」的周恩來、葉劍英有著深厚友誼。（4）共產黨的「座上客」。1949年，他應邀回國參加全國政協會議後，任全國政協常委。（5）共產黨的「階下囚」。1957年被打成「大右派」。（6）共產黨的「假釋犯」：1959年雖然「摘帽」，卻仍是「右派」，故曰：「假釋犯」。（7）「文化大革命」的受難者，被蹂躪毆打，強迫勞改，終于積勞成疾，含冤病逝。

其父黃琪翔　其母郭秀儀

左起：張群、葉劍英、郭秀儀、黃琪翔、周恩來、朱德

其母郭秀儀：（1）「難童慈母」。年僅27歲就與宋慶齡、宋美齡、鄧穎超等婦女界領袖共同發起、創建了「中國戰時兒童保育會」。收養、培育了三萬餘名烈士子弟和戰爭孤兒。保育生們都親切地稱呼她「郭媽媽」（2）「戰地天使」。她隨夫奮戰疆場，搶救傷員。在全國紀念抗日戰爭勝利五十周年大會上，她是出席大會百名抗日老戰士中僅有的三位女戰士之一。（3）「官運『晚』通」、有職無權的「國家大員」。1978年，一直在家相夫教子的她，突然被共產黨看中，把她推上了全國政協常委的「上座」。（4）「大器晚成」的天才畫家。1950年，年及不惑而又從未作畫的郭秀儀拜國畫泰斗齊白石爲師。幾年後，白石老人慨然笑道：「秀儀弟子作畫已大成。」後來她曾任北京齊白石研究會副會長。

抗戰時期周恩來（左）和黃琪翔，葉挺拍攝

習仲勛（右）和郭秀儀　鄧穎超（左）和郭秀儀　宋美齡（左）和郭秀儀

黃琪翔（前排左三）和美軍將領共同檢閱凱旋歸來的遠征軍。

小說雖虛構，史料卻真實。品得個中味，殷鑒盡可知。

△補七月四日　星期六

八月二十二日應邀參加《路》新書發表會，作者是黃琪翔將軍之子，黃將軍是傳奇將領，二十九歲就任北伐軍第四軍軍長。正巧，一個多月前的七月四日，也應邀參加《千鈞重負》新書發表會，主角是錢大鈞將軍（本會陳志恒的外公），錢將軍北伐時是第三十二軍軍長，他的兒子錢世澤幫老爸出版日記，上一代人「兒子」對父母很有使命感。這種事，以後絕種了。補錢大鈞將軍如後。

千鈞重負——錢大鈞將軍民國日記摘要

新書發表會

錢大鈞將軍記載了四十七年間寫的四十二本的日記。
眾所周知錢大鈞將軍的豐功偉業，對國家民族的貢獻。
這是一套非常寶貴的近代史寶庫價值非凡，
出版公諸於世，以為歷史佐證。

時間　二〇一五年七月四日(周六)下午二時

地點　誠品敦南店B2視聽室（台北市敦化南路一段245號B2）

錢世澤　敬邀

錢大鈞將軍慕尹先生年譜摘要 p.1

年份	西元年	年齡	事 蹟
光緒 19 年	1893	1	農曆 6 月 14 日誕生於江蘇省崑山縣。
宣統元年	1909	17	考入江蘇陸軍小學，是為先生從軍之發軔。
宣統 3 年	1911	19	武昌起義建立民國，學校停頓，先生決志獻身革命，赴滬投效學生軍。
民國元年	1912	20	考入松軍幹部學校，半載卒業。
民國 2 年	1913	21	江蘇陸軍小學復校，先生為完成陸軍基本教育，回校就讀，半年畢業。
民國 3 年	1914	22	赴日入東京大學，親承　國父革命薰陶，宣誓加入中華革命黨，是年底返國，赴湖北入陸軍第二預備學校。
民國 5 年	1916	24	畢業，升入保定陸軍軍官學校。
民國 6 年	1917	25	以學優，被選送日本士官學校。
民國 8 年	1919	27	畢業榮返，奉派任保定軍校第八期第四隊分隊長。
民國 9 年	1920	28	任第九期礮兵隊隊長。
民國 10 年	1921	29	任粵軍第一師少校參謀。
民國 12 年	1923	31	升任中校參謀。
民國 13 年	1924	32	奉命參加籌備中國國民黨陸軍軍官學校，於黃埔建立黨軍，任籌備委員。任黃埔軍校中校兵器教官，旋代理上校總教官。同年升任參謀少將處長。
民國 14 年	1925	33	校軍兩團奉令東征討伐陳炯明，一度代理第二團團長。興寧戰役後，代理教育長並代行校長職務。旋出任少將團長，升任國民革命軍第一師少將副師長兼參謀長。
民國 15 年	1926	34	膺選中國國民黨第二次國大代表，升任國民革命軍第一師中將師長，調第二師中將師長兼廣屬警備司令。北伐，克復武漢。
民國 16 年	1927	35	兼廣州市公安局局長及戒備司令，任國民革命軍北路軍中將總指揮，升任第 32 軍上將軍長，奉國府特任軍事委員會委員。
民國 17 年	1928	36	兼任淞滬警備司令及上海市黨部常務委員，任國民革命軍陸軍第三師師長，兼江南剿匪司令，派充江蘇省政府委員。
民國 18 年	1929	37	任國民革命軍總司令部上將總參議、中央陸軍官校武漢分校上將教育長。
民國 19 年	1930	38	任陸軍教導第三師師長、中央編遣委員會第一編遣區主任。
民國 20 年	1931	39	膺選中國國民黨第四次國大代表，調充陸軍第十四師師長，旋任武漢要塞司令。日軍佔領東北三省。
民國 21 年	1932	40	任陸軍第 89 師師長，升陸軍第 13 軍上將軍長，調軍事委員會委員長南昌行營辦公廳主任。
民國 22 年	1933	41	調軍事委員會委員長保定行營主任、北平分會委員，兼軍政部保定編練處主任。
民國 23 年	1934	42	改任豫鄂皖三省剿匪總司令部參謀長。
民國 24 年	1935	43	任陸軍中將，膺選第五屆中央執行委員，任委員長侍從室第一處主任兼侍衛長。
民國 25 年	1936	44	任陸軍中將加上將銜。12 月西安事變，先生身受重傷。
民國 26 年	1937	45	任軍事委員會辦公廳代理主任。
民國 27 年	1938	46	任航空委員會委員兼主任。
民國 28 年	1939	47	創辦私立西泉小學，自兼校長。

錢大鈞將軍慕尹先生年譜摘要 p.2

年份	西元年	年齡	事 蹟
民國 30 年	1941	49	任軍事委員會運輸統制局參謀長，後改任秘書長。
民國 31 年	1942	50	任軍政部政務次長、點驗委員會主任委員、特別黨部持派員。西泉小學擴充為中學，仍自兼校長。
民國 33 年	1944	52	任軍事委員會侍從室第一處主任，兼調查統計局局長。
民國 34 年	1945	53	膺選第六屆中央執行委員。 抗戰勝利，8 月 13 日奉派任上海市市長兼淞滬警備總司令。
民國 35 年	1946	54	膺選第六屆中央執行委員會常務委員。5 月，辭上海市長本兼職務。
民國 36 年	1947	55	返里膺選江蘇省吳縣參議會議長。當選上海市國民大會代表。
民國 37 年	1948	56	奉聘任總統府戰略顧問。
民國 38 年	1949	57	任重慶綏靖公署副主任，兼西南軍政長官公署副長官；總統府戰略顧問委員會委員。
民國 42 年	1953	61	任國大黨團幹事會書記，受聘擔任臺灣省體育會足球協會主任委員。
民國 43 年	1954	62	奉聘兼光復大陸設計研究委員會委員。受聘擔任中華全國足球委員會首席顧問，並任第二屆亞運中華民國代表團足球隊領隊，赴菲遠征。
民國 44 年	1955	63	受聘擔任國軍體育促進會顧問。
民國 45 年	1956	64	擔任第一屆亞洲盃足球賽中華民國代表隊領隊。
民國 46 年	1957	65	出任私立復興戲劇學校董事長；膺選中華全國體育協進會第一屆常務監事。
民國 47 年	1958	66	領隊赴日參加第三屆亞運會足球賽。領隊遠征智利，參加第三屆世界杯籃球錦標賽。
民國 48 年	1959	67	出任遠東旅行社董事長。
民國 49 年	1960	68	奉聘兼任中央紀律委員會委員、憲政研討委員會委員。 膺選全國體育協進會第二屆常務監事。擔任第 17 屆世運會中華民國代表團籃球隊領隊，遠征羅馬。出任中華全國田徑委員會主任委員。
民國 52 年	1963	71	就任中華航空公司首任董事長，發展我國民航空運事業。
民國 53 年	1964	72	率領田徑代表隊赴日參加第 18 屆世運會，並擔任國際田徑會議代表。
民國 55 年	1966	74	向美採購波音 727 型噴射客機五架，創我國民航空運進入噴射機時代之先鋒。赴泰參加第五屆亞運會，擔任田徑會議代表。
民國 57 年	1968	76	任中華航空公司名譽董事長。赴墨西哥參加第 19 屆世運會，並擔任國際田徑會議代表。
民國 59 年	1970	78	率領田徑代表隊，赴泰參加第六屆亞洲運動會，並擔任田徑會議代表。
民國 60 年	1971	79	任江蘇文獻社主任委員並任江蘇文獻雜誌發行人。
民國 61 年	1972	80	率領田徑代表隊，赴菲參加國際田徑對抗賽。
民國 62 年	1973	81	擔任中華民國田徑會名譽會長。
民國 64 年	1975	83	以手書篆體金剛經捐贈國立歷史博物館永久藏展。
民國 68 年	1979	87	罹患中風。
民國 71 年	1982	90	7 月 21 日農曆 6 月 1 日壽終，安葬於內湖五指山國軍示範公墓。

△九月一日　星期二　志工大會

今天秘書室志工約四十人，舉行年度大會，除室內座談、簡介，另有室外認識學校所有樹木，也算是知性課程，大家很有興趣。

△九月十五日　星期二　理監事會

今天是今年第三次理監事會，除各組例行工作報告，主要討論歷任理事長聘任問是。詳見第三篇專文，〈關於吳元俊理事「請落實前會員大會已通過當完理事長均聘為榮譽理事」乙案說明和決議〉。

△九月十六日　星期三　晴　同學遠足

周立勇、高立興、林鐵基、童榮南、袁國台與他哥哥、我，一行七人，今天乘貓纜到木柵茶園遠足、餐敘。

△九月十七日　星期四　晴　慶祝教師節

今天合唱團把文康室包場一天，名義慶祝教師節，實為感謝歌唱老師淑美教了一年，讓大家學了很多新歌。

△九月廿五日　星期五　彭公餐會

中午彭公餐會，在「彭園」宴請諸友，到有：我、關麗蘇、台客、吳信義、馬鳳姿、楊長基、俊歌、蘭觀生，彭公正雄是主辦人。

△九月三十日　星期三　福心會

今天中午「福心會」，在三軍軍官俱樂部席開一桌，到有：桑鴻文、周小強、林鐵基、袁國台、高立興、郭龍春、張哲豪、金克強、童榮南、余嘉生、李台新、解定國和我。

△十月一日　星期四　快樂歌唱班練習

今天淑美感冒沒來，我們自行練文康晚會要唱的歌：〈秋蟬〉、〈鄉間的小路〉、〈濛濛細雨憶當年〉、〈何年何月再相逢〉。

△十月六日　星期二　教職員工文康活動委員會開會

中午在「巨蛋」文康室，由電機系江簡富主委主持，所有教職員工社團負責人參加，主要是年度經費使用情形。十一月二十日校慶晚會，各社團表演節目、經費也在會中討論。

△十月二十日　星期二　退聯會年度大會籌備會

針對下個月要召開年度大會，重要工作、提案等先行討論，大會工作編組、分工，會議順利，中午簡餐招待理監事。

△十月二十一、二十二日　退聯會杉林溪二日遊

由秀錦規劃好久的杉林溪兩日遊終於成行，也好險颱風沒來，一部大遊覽車滿滿四十二人，平均年紀大約六十七歲。最大方教授九十二歲，最小大概秀錦也快六十了。兩天快樂行，資料、照片如後。

「杉林溪生態之旅二日研習營」

◆臺灣大學退休聯誼會活動

出發日期:104年10月21日(星期三)

集合時間:上午07:00 集合07:30發車

報到地點:台大校門口廣場

行程費用:3,900元[教職工身份(含退休)補助800元，退休會會員再補100元]

(含2早餐、2午餐、2晚餐、保險200萬/20醫、住宿、大車、小車、車資小費、過路橋費、稅)

註：1.本次只分配房、桌次，座位除前院二排留給最長者外，以先到先選位，除為鄰座保留一位外，請勿佔位，最前二個位子請留給工作人員。

2.行程與餐廳以公告為主，承辦人員得視突發狀況，無損同仁權益下，調整景點及餐廳。

3.本次住宿均為一大床及二小床雙人房費用相同，如有特殊需求請於報名時告知

10/21	07:00-07:30	【集合出發】報到、發早餐
	12:00-13:00	【杉林溪大飯店】午餐
	13:00-17:00	【杉林溪】 南投杉林溪森林生態渡假園區帶給遊客的是大自然的震撼，探訪其中，羅列眼前的是鬼斧神工的天然景色，有傾洩岩碧波似龍鱗的燕庵，有石壁自成的天地眼，有懸崖峭壁的安定彎，還有屹立雲霄、傲視群林的神木，杉林溪森林生態渡假園區並有猶如森林奧運會般的自然景象  
	18:00-19:00	【杉林溪大飯店】晚餐住宿
10/22	07:00-08:20	晨喚早安.飯店內享用豐盛早餐.整理行李.辦理退房.
	08:30-12:00	【羊灣茶園小半天】竹林隧道—銀杏森林—開喜茶園—竹筒炮：羊彎開喜茶園有如人間仙境。 由投49號道進入坪頂里，往內深入，一大片綠油油茶園及竹林。銀杏林 銀杏森林位於海拔1500公尺之間，氣候涼爽，終年雲霧繚繞，可欣賞壯麗的風光、日出、雲海、山嵐、晚霞、夜景等。   
	12:00-13:00	【富竹餐廳】午餐
	14:30-15:10	【苑裡彩繪稻田】苑裡稻田彩繪最特殊的地方是整個圖形從插秧後直到開花、抽穗，會因為稻作的稻苗葉狀、或是長出白花、或是成金黃稻穗，而表現分明圖形、或是白花片片猶見模糊圖形、或是如油畫般的朦朧美感，讓人驚艷於苑裡稻田彩繪的多變與美麗！整個稻作成長時節，展現長時間的戶外大型藝術，為苑裡帶來更大的觀光價值！ 
	15:40-16:20	【雅聞觀光工廠】雅聞香草植物工廠緊鄰三義交流道及九華山大興善寺，為了讓佳人更加的美麗，更在園區裡種植有多種香草、植物，另外更買了許多的設備，種植不含農藥的溫室蔬菜，讓遊客不只看得到還能買回家。
	17:50-18:50	【古都活海鮮餐廳】晚餐
	18:50-19:30	返回溫暖的家~~期待再相會

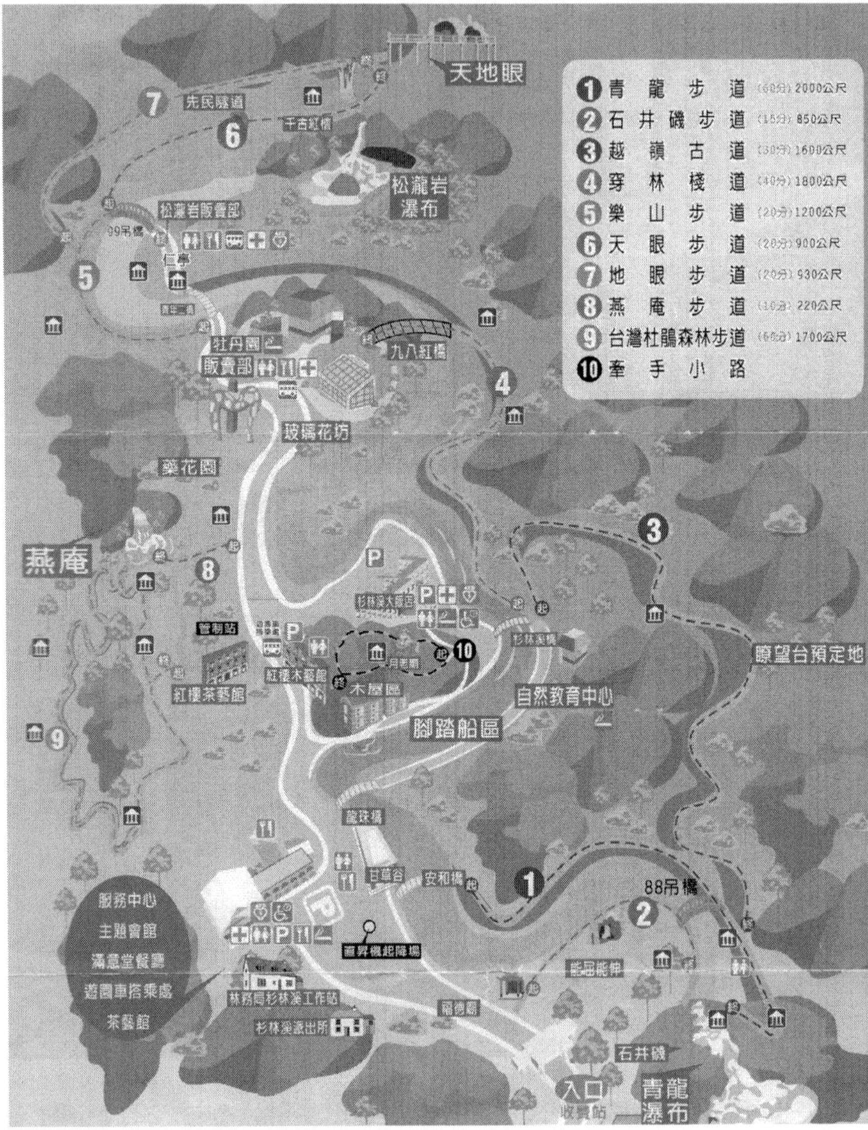
天地眼
松瀧岩瀑布
先民隧道
千古紅檜
松瀧岩販賣部
99吊橋
仁亭
牡丹園
販賣部
九八紅橋
玻璃花坊
藥花園
燕庵
管制站
紅樓茶藝館
紅檜木藝館
杉林溪大飯店
杉林溪橋
月老園
木屋區
自然教育中心
腳踏船區
瞭望台預定地
盈珠橋
甘草谷
安和橋
88吊橋
直昇機起降場
林務局杉林溪工作站
杉林溪派出所
福德廟
石井磯
入口
收費站
青龍瀑布
服務中心
主題會館
滿意堂餐廳
遊園車搭乘處
茶藝館
1 青龍步道 (60分) 2000公尺
2 石井磯步道 (15分) 850公尺
3 越嶺古道 (30分) 1600公尺
4 穿林棧道 (40分) 1800公尺
5 樂山步道 (20分) 1200公尺
6 天眼步道 (20分) 900公尺
7 地眼步道 (20分) 930公尺
8 燕庵步道 (10分) 220公尺
9 台灣杜鵑森林步道 (60分) 1700公尺
10 牽手小路

作者與妻杉林溪合影

全體於杉林溪合影

教官和嫂子們！

這些年我們師兄弟三人走了不少地方

作者與俊歌難得如此悠閒

△十月廿八~三十日　星期三~五　好天氣

到澳門參加「世界洪門歷史文化協會」成立活動。我們一行為「全統會」八人代表，由會長王化榛先生領隊，成員有趙良林、王若蘭、吳淑媛、吳珠延、陳美玉、張屏、和我自己。我還是把經過和資料整理成一本書，成為正式文獻，見《世界洪門歷史文化協會論壇：二〇一五澳門洪門記實》

△十一月四日　星期三　晴

晚上參加「台大教授聯誼會」新原任會長交接和餐會，王佩華教授接新會長。

△十一月十二日　星期四　陰晴　同學坪林遠足（照片見書前㊺）

周立勇和袁國台各開一車，另有高立興、童榮南、林鐵基和我，共六人，今天到坪林遠足、郊遊，中午吃一頓有地方特色的美食，下午去飲茶，回到台北已四點多！這個純男人的小圈圈，因為不要女人加入，才能十多年來正常運作，可長可久。

我發現，朋友的小團體只要有太太加入，就維持不久，很難長久「正常」運作，奇怪啊！奇怪！所以我們這個小小的同學友誼圈，大家有共識，不要任何女人加入。

△十一月十三日 星期五 晴 新奇的展覽

今天偶然看到一個藝術展覽，作品也看不出有何特色！可能是現代藝術，看不懂！廣告如下：

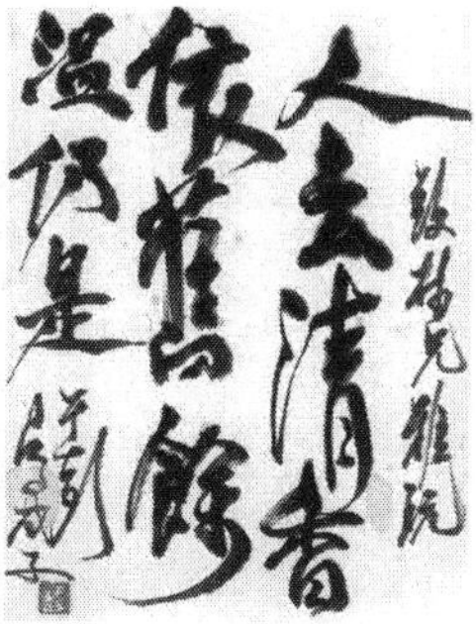

22 × 28 cm
2008

△十一月十五日　星期日　晴　台大校慶月　原來他們吃素

上午到台大校園走路散步，校慶月，校園大夯，High 翻天。椰林大道數百攤位，正好看到「台大光普社」，好奇他們是玩什麼的！有同學為我解釋，原來是推廣素食的。他們的 DM 列出很多吃素的名人，原來他們也吃素，我覺得很值得推廣。

茹素的諾貝爾獎得主與卓越的科學家

為了維護地球的自然資源，古今有許多頂尖的科學家和思想家不但親身茹素，並以科學和道德的觀點肯定素食的必要性。

茲將這些茹素的高雅人士簡要地列舉如下：

諾貝爾獎得主
泰戈爾（Rabindranath Tagore）-- 1913年文學獎
愛因斯坦（Albert Einstein）-- 1921年物理學獎
蕭伯納（George Bernard Shaw）-- 1925年文學獎
拉曼（Sir C. V. Raman）-- 1930 年物理學獎
史懷哲（Albert Schweitzer）-- 1952年和平獎
萊納斯・鮑林（Linus Pauling）-- 1954年化學獎、1962年和平獎
喬治・沃爾德（George Wald）-- 1967年醫學獎
艾薩克・巴甚維斯・辛格（Isaac Bashevis Singer）-- 1978年文學獎
強德拉賽卡（Chandrashekar Subrahmanyam）-- 1983年物理學獎
埃利・維瑟爾（Elie Wiesel）-- 1986年和平獎
達賴喇嘛十四世（The 14th Dalai Lama）-- 1989年和平獎
翁山蘇姬（Aung San Suu Kyi）-- 1991年和平獎
奈波爾（V. S. Naipaul）-- 2001年文學獎
柯慈（JM Coetzee）-- 2003年文學獎

卓越科學家與發明家
牛頓（Sir Isaac Newton）-- 物理學之父
約翰・雷（John Ray）-- 英國博物學之父
達文西（Leonardo Da Vinci）-- 建築師、發明家兼藝術家
班傑明・富蘭克林（Benjamin Franklin）-- 作家、記者、科學家、發明家兼政治家
愛迪生（Thomas Edison）-- 發明家
尼古拉・特斯拉（Nikola Tesla）-- 發明家、物理學家兼工程師
斯力瓦薩・拉曼紐揚（Srinivasa Ramanujan）-- 數學家
愛德華・威滕（Edward Witten）-- 物理學家，弦理論學者
布萊恩・格林（Brian Greene）-- 物理學家，弦理論學者
珍・古德（Jane Goodall）-- 靈長類動物學家
維賈伊・拉吉・辛格（Vijay Raj Singh）-- 醫學物理師
卡爾帕娜・喬拉（Kalpana Chawla）-- 美國太空總署太空飛行員
史蒂夫・賈伯斯（Steve Jobs）-- 蘋果電腦創辦人及執行長
納森尼爾・伯倫斯坦（Nathaniel Borenstein）-- 多用途網際網路郵件擴充協定（MIME）語言創造者

△十一月十六日　星期一　晴　黃宏斌教授晚宴

新任逸仙學會會長黃宏斌教授晚宴，在水源會館席開兩桌，理監事都到，立法委員蔣乃辛也在，大家為他拉票加油。

△十一月十七日　星期二　晴　岳母走了　佳莉上三大研究所

晨四時，太太家人來電，「媽媽病危」。我和妻趕大早六點半高鐵回台南，快九時到永康榮民醫院，岳母已先走一步，她九十四歲，無病而終，福壽雙全。下午趕回台北，家祭再下去。

今天也有好消息，小女佳莉同時上了三個大學的研究所，師大、政大、台大，她會讀台大。我民國八十三年四月十六日來台大報到，她當日大早出生，想來她和我和台大最有緣。

△十一月十八日　星期三

中午在彭園召開「莊雲惠兒童青少年詩作詩友會」，討論時間、地點、方式等。到有：鄭雅文、彭正雄、林錫嘉、曾美霞、許其正、莫渝、莊雲惠和我，共八人，會議很成功。

△十一月十九日　星期四　晴　練習校慶晚會節目

明晚校慶晚會要表演節目再練習，我們退聯會有三首歌，秋蟬、濛濛細雨憶當年、鄉間的小路。校慶，是台大全年最要盛事。

由志恒一手策劃的快樂歌唱班，明年有新的轉型，改在巨蛋文康室，並先收費，這方式較佳。

△十一月二十日　星期五　晴　值班　大陸朋友來訪　晚會

今天上午在聯合服務中心值班，大陸朋友錢吉夫（杭州遠創實業有限公司董事長）來訪，他和夫人下午要回去，只在辦公室聊十多分鐘。他還送了一包鐵觀音，另有大陸作家張國云的兩本書：《致青藏》和《幾多城色鄉風》，下週我也會寄些書給他們。

晚上是校慶文康晚會，我們退聯會按預定唱三首歌，〈秋蟬〉、〈鄉間的小路〉、〈濛濛細雨憶當年〉，最後又應觀眾要求加唱〈望春風〉。照片見書前精彩畫面。

△十二月一日 星期二 晴 退聯會年度大會

準備好久的會員大會今天上午在第一會議室召開，到有會員近二百人，盛況空前，校長請主秘林達德教授代表致詞。席間也請眭澔平先生演講，也是精彩，看下面資料照片，即可見盛況。

聽完眭先生的演講，只能以「奇人」名之，他就讀台大到預官之間已有輝煌戰果。班代和文學院代表會主席、全校辯論和軟式演講雙料冠軍、兩屆績優社團負責人和大專優秀青年、書卷獎得主、青年友好訪問團表演訪美國民外交、三民主義巡迴教官，許多小戰果不提。

進入社會三十年來：電視主播、記者、主持台大東亞文明研究中心、金馬獎主持人、台灣首家新聞創台台長、有線電視總經理、湖南電視綜藝節目主持人、一帶一路渝新歐實地駕車橫跨歐亞壯行八國四十天形象代表，以及去過近百個國家，探索不同文明。

主講人：眭澔平先生

演講題目：潛能開發與身心靈成長

主講人簡介：

1. 畢業於台大歷史系、美國康乃爾大學文化史博士、心理諮商師與催眠臨床治療師、國際英語導遊領隊。世界展望會國際志工服務於非洲難民營與中南美洲街童收容中心。
傳媒學術藝術文學出版與社會服務歷練多元完整，已環遊世界近200國、出版30餘本著作與音樂創作、拍攝超過5000小時紀錄影片、收藏上萬件世界文物。

2. 五座金鐘獎、五座金曲獎、二座台灣文學獎得主；台大校徽設計人、上海國際音樂節銀獎；並授頒『中國當代徐霞客』殊榮，媒體票選為全台灣2300萬人最羨慕的人生、十大報導文學作家、三大電視新聞主播。

文康會晚會歌唱表演

左起第四任理事長楊建澤教授、第三任理事長方祖達教授、第一、二任理事長宣家驊將軍、第七、八任理事長丁一倪教授、本書著者、副理事長何憲武教授

眾好友與眭澔平先生

大會盛況一角

△十二月九日　星期三　天氣好　退休教官餐會

幾位退休教官中午在華國飯店餐敘，到有總教官李長嘯將軍，主任教官有：孫彭聲、王潤身、吳信義、俊歌、吳普英、鄭大平、楊長基、陳國慶和我，還有三位信義學長帶來的女生。

△十二月十六日　星期三　晴　秘書室志工餐會

半年一次的秘書室志工餐會，今天中午在海霸王盛大舉行，楊哥和海霸王有交情，在八樓貴賓廳，菜好視野也好，吃到下午三點才結束，如簽到，照片見書前。曾有人建議秘書室志工組社團，我看時機並未成熟。

△十二月二十四日　星期四　陰雨　公祭許文富教授

許文富教授，當過很多職務，主要有省農林廳長、台大總務長、農經系教授，有「台灣農產運銷之父」雅號，學術成就斐然。下午在二殯公祭，總統府頒贈褒揚令，副總統吳敦義代頒。吳伯雄先生主祭，陪祭者有許水德先生、徐立德先生、陳保基先生（農委會主委）、吳聯星先生，及本校前校長孫震、陳維昭先生、現任楊泮池校長等數十人。

各公祭單位至少五十多，我們台大退聯會排在四十幾，我主祭，吳元俊和黃存仁理事代表陪祭。

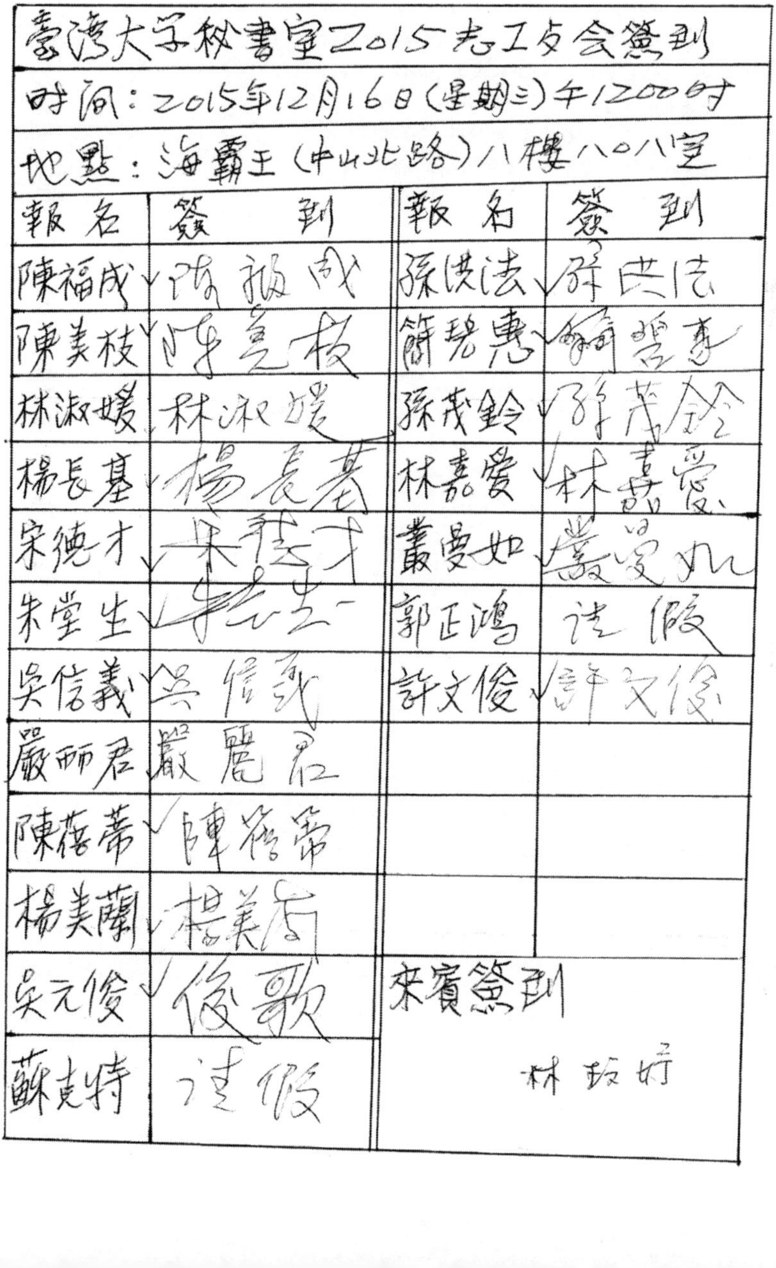

臺灣大學秘書室2015老工友会簽到

时间：2015年12月16日(星期三)午1200时

地點：海霸王(中山北路)八樓八〇八室

報名	簽到	報名	簽到
陳福成	✓陳福成	孫洪法	✓孫洪法
陳美枝	✓陳美枝	簡碧惠	✓簡碧惠
林淑媛	林淑媛	孫茂鈴	✓孫茂鈴
楊長基	✓楊長基	林嘉愛	✓林嘉愛
宋德才	✓宋德才	叢曼如	✓叢曼如
朱堂生	✓朱堂生	郭正鴻	請假
吳信義	✓吳信義	許文俊	✓許文俊
嚴丽君	嚴麗君		
陳蓓蒂	✓陳蓓蒂		
楊美蘭	✓楊美蘭		
吳元俊	✓俊歌	來賓簽到	
蘇克持	請假	林玫妤	

△十二月二十六日 星期六 晴 參加秋水詩友會

親愛的 [illegible] 詩友：

燕兒來了又去，葉子綠了又黃，水依舊潺潺東流，一眨眼時序又冬了。

《秋水》自去年停刊至今已將近兩年了，這期間我們仍默默的在為秋水做一些事，以期望有一個更完整而圓滿的句點。於是我們出版了《秋水四十年》，這是台灣詩壇首部「詩刊史」，記錄著秋水走過的四十年漫長詩路；此外由於位於北新路捷運大樓上的詩屋太小，早已書滿為患，基於長久之計，我們已於 2015 年 9 月將秋水詩屋搬遷至風景優美的花園新城攬翠樓。

緣此，為慶祝＜秋水詩屋＞的重新開幕暨《秋水四十年》新書發表會，我們特別舉辦這一場聚會，誠摯邀請秋水詩友們回來敘敘舊。

秋水詩屋 涂靜怡敬邀

時間：2015 年 12 月 26 日(星期六)下午 2：00 至 4：00

地點：新北市新店區花園一路二段 10 號 10 樓之 9

(可搭捷運至新店總站，再轉搭綠 3 公車或計程車至花園新城)

＊是否參加請 EMAIL：jinhomester@gmail.com 告知以方便確定人數。

或回電 (涂靜怡) (琹川) (趙化)

第 二 篇

二〇一六年（民 105）

重要實記

2016.08.1

△元月一日　晴　與妻新店溪河岸健走滿三年

好像沒有經過多久，怎麼一年又過了。

接台大退聯會理事長，兩任過了三年，剩下今年一年，今年我可以很放心、輕鬆，規範在過去的三年已建立好了。今年最要緊的，要找到適合的接班人，應該要從教授中去選。

從二〇一三年開始，我和妻每天上午健走，從師大分部沿新店溪向北走到中正橋，來回至少六公里，到現在竟走了整整三年，還要繼續走。

我們到底走了多少路？一年以走三百天算，一年走一千八百公里，三年走五千四百公里，這個距離應是超過從中國最東走到最西，我們的壯舉。

今天是今年的第一天，總該有什麼新願景！今年應該好好寫幾本書。計畫六十五歲前完成百部著作，目前進度順利。

今年也是台灣要換領導人，朱立倫、蔡英文、宋楚瑜這幾天正在拼。我是從中國「大歷史」看台灣問題的人，蔡英文可能當選，她當選統一可能更快：緩獨緩統、急獨急統。

△元月二日　星期六

信義學長、俊哥和我，三人相約到國父紀念館聽演講，講者是趙教授，每年佛光山研習會碰到他。

會長學慧、小馬、黃輝也到了，講完我們一起在國父紀念館地下一樓用餐，一客三百九十五元，很好的聚會場所。

△元月四日　星期一　晴雨　為佳莉創作提詩

佳莉有兩款創作（如後）叫老爸提詩：

天長地久不可能，佛在我心就能成；
人生短暫非久長，找到佛性才永恒。

龍鳳傳人就是我，民族振興我來做；
龍鳳精神已崛起，振興中華有成果。

幸福家庭教育系列講座

主辦單位：財團法人中國家庭計劃協會、國立國父紀念館
合辦單位：中國市政學會、中華學生事務學會
中華民國老人學友協會
時　　間：中華民國 105 年 1-6 月
地　　點：國立國父紀念館　中山講堂(面對忠孝東路)
地　　址：台北市信義區仁愛路 4 段 505 號 1 樓

場次	日　期	講　題	主講人
1	1月 2日(週六) 上午 10 時-12 時	幸福美滿家庭-慈悲與智慧	法務部榮譽教誨師 趙叔鏗 教授

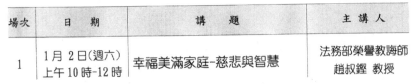

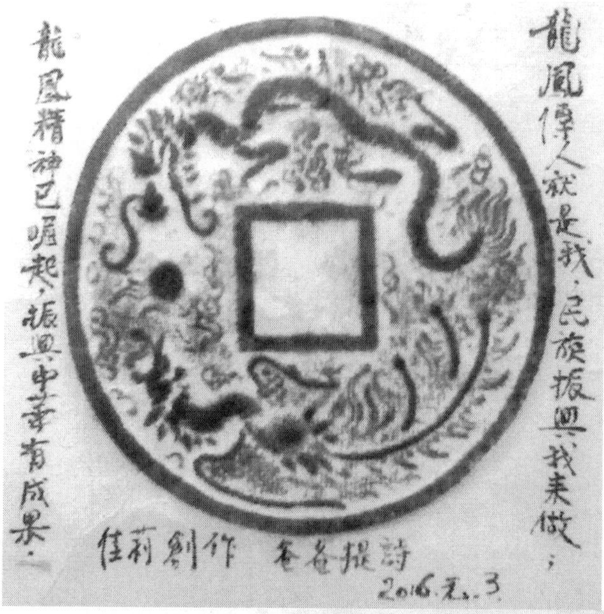
龍鳳傳人就是我，民族振興我來做；
龍鳳精神已崛起，振興中華有成果。
佳莉創作 爸爸提詩
2016.元.3

天長地久不可能，佛在我心就能成；
佳莉創作 爸爸作詩 2016.元.3

△元月五日　星期二　晴　莊雲惠兒童詩友會第二次協調會

配合《莊雲惠兒童青少年詩創作》一書出版，所策劃的「詩友會」（《華文現代詩》季刊主辦），第二次協調會在丹南昌店討論，主要在林錫嘉和莊雲惠的主持過程，節目再確定。到有：鄭雅文、彭正雄、林錫嘉、曾美霞、莊雲惠、劉正偉、陳寧貴、許其正和我八人。

△元月八日　星期五　晴

一群定時聚會的朋友（每季一次），今中午在華國飯店餐敘：俊歌、彭正雄、馬鳳姿、吳信義、蘭觀生、楊長基、陳美枝、關麗蘇、陳淑貞、林素銀、王麗絲和我，共十二人。

王麗絲專程從美國回來，擔任國民黨這次大選的志工，讓人感動。這群朋友都是統派，反之使我感慨，台灣統獨鬥到如敵仇，不能當朋友，也是台灣的悲哀！

△元月九日　星期六　全統會大會　信義學長接會長

上午參加「全統會」大會，信義學長接會長。

晚上參加大人物公司朋友群聚會。

△元月十二日　星期二　參加大專院校同仁協會

中華民國大專院校退休同仁協會開會通知

一、開會事由：本會第二屆第三次（第三屆第一次）會員代表大會
二、開會時間：中華民國105年1月12日（星期二）上午十時
三、開會地點：彭園湘菜館
　　台北市羅斯福路二段27號（古亭捷運站6號出口）
　　電話：(02) 2351-5731
四、召集人：簡明勇理事長
五、主要議題：
1. 審議本年度經費決算（見附錄一）、下年度工作計劃（見附錄二）及下年度經費預算案。
2. 選舉第三屆理監事。
3. 會場職務分配按第二次會員大會分配表進行，如有困難請預先通知秘書處。
（會後隨即召開第三屆第一次理監事聯席會議）

理事長　簡　明　勇

△元月十六日　星期六　台灣區領導大選

民進黨空前大勝利，國民黨「一九四九年式」慘敗，在我看來三黨都在搞統一。可詳見我大著《三黨搞統一：解剖共產黨、國民黨、民進黨怎樣搞統一》一書。

△元月十七日　星期日　晚上與諸友到萬里看大陸朋友

劉焦智的弟弟劉志強一行，來台旅遊，住萬里仙境溫水會館，這是他第一次來台。

大約六、七年前，我因緣認識山西芮城的劉焦智先生，他邀我去參訪，我約台客、信義、俊歌好友同行。後來由此緣份而出版了三本書：《山西芮城劉焦智《鳳梅人報》研究》、《在「鳳梅人」小橋上：中國山西芮城三人行》、《金秋六人行：鄭州山西之旅》。

今晚同行也是台客、信義、俊歌和我四人，志強夫婦一起來，另有他公司幹部三十多人，他公司有員工千餘人，志強是獎勵員工旅遊。

△元月十八日　星期一　辦四十四期第四十二次「福心會」

這個四十四期同學的小圈圈，由我主持，進入第十四年第四十二次。今天中午在三軍軍官俱樂部，小路（路復國）從台中來，另有袁國台、高立興、童榮南、林鐵基、郭龍春、解定國和我。

△元月二十四日　星期日

新春發表會、詩友會

策劃已久的詩友會終於在今天順利開辦完成。

陳福成先生
為播詩種與莊雲惠詩作初探
新書發表
暨
莊老師詩種花園詩友會
時間：105 年 1 月 24 日　下午２點—５點
地點：台北市南昌路一段 16 號（丹堤咖啡南昌店）

華文現代詩刊第八期出刊
暨
童詩園遊會詩友會

進行流程

2：00–2：30 報到（簽名.發書）

2：30–3：00 ① 致詞（ 發行人彭正雄、社長鄭雅文、
總編輯林錫嘉、編審陳福成）

② 林錫嘉：童詩的遊戲（林錫嘉主持）

③ 詩刊與來賓介紹（林錫嘉主持）

3：00–3：20 詩的呈現方式（曾美霞主持）

〈 陳孟夏朗誦.曾美霞吟唱...... 〉

進　　餐

3：30–4：10 小詩人朗誦作品˙講評（莊雲惠主持）

〈 何亞妍.洪楷崴.莊竣翔.陳侑萱.陳欣佑.羅士軒 〉

4：10–4：30 提問交流時間（林錫嘉主持）

4：30–5：00 自由聯誼

時間：105 年 1 月 24 日　下午 2：00 – 5：00

地點：台北市南昌路一段 16 號（丹堤咖啡南昌店）

105.1.24 詩種花園詩友會活動參加名單 1

家長姓名	學生姓名	家長	學生	備　　註	領書簽名
陳淑玲老師	莊胡祖德 莊胡祖聖	1	2	祖德大三.祖聖高三	陳淑玲
楊文澔媽媽	楊文澔	2	1	文澔中正國中 9 年級	
陳孟夏媽媽	陳孟夏	1	1	孟夏介壽國中 7 年級	張之芩
羅士軒媽媽	羅士軒	2	1	士軒永平國中 7 年級	羅士軒
蔡耀慶媽媽	蔡耀慶	2	2	耀慶東山中學 8 年級	[illegible] 蔡耀慶
林莉安媽媽	林莉安. 林學庠	1	2	學庠高一.莉安 7 年級	林莉安 林學庠
何佳穎爸爸	何佳穎	1	1	佳穎東山中學 7 年級	
洪芳妤奶奶	洪芳妤	1	1	芳妤永和國小 6 年級	
愷婕媽媽	愷婕	1	1	愷婕秀山國小 6 年級	張華珠
陳欣佑	陳欣佑	1	2	欣佑五常國小 6 年級	
何亞妍一家	何亞妍	2	3	亞妍永和國小 4 年級	劉彥余 何繹安 亞妍 繹丞
洪楷崴一家	洪楷崴. 莊竣翔	2	2	楷崴中和國小 5 年級竣翔 4 年級	王妍人 莊[illegible]

105.1.24 詩種花園詩友會活動參加名單　2

家長姓名	學生姓名	家長	學生	備　註	領書簽名
洪楷崴一家	洪楷崴. 莊竣翔	2	2	楷崴中和國小 5 年級竣翔 4 年級	
侑萱一家	侑萱	2	2	侑萱中和國小 4 年級	
芷安奶奶	芷安 芷妍	1	2	芷安及人小學 5 年級. 芷妍 3 年級	吳芷安
	傅國境		1	國境大 3	
	林立浩		1	立浩大 2	
賴明潔		1	1		
劉明珠	顏翊伶	1	1	永中 8年級	
胡豐麟媽媽	胡豐麟	1	1		
古芝芬	蘇鈺軒.蘇沛文	1	2	鈺軒高三.沛文 9 年級	
林芳民			1	芳民研 2	
陳弘文			1	弘文大 1	
蔣世傑		1			
總	計	25	32	57 人	

華文現代詩刊第八期出刊暨童詩園遊會詩友會來賓簽名

為播詩種與莊雲惠詩作初探新書發表

來賓簽名	連絡電話	來賓簽名	連絡電話
胡豐[illegible]		王新婕	
洪楷崴		謝瑋[illegible]	
莊竣翔		張東[illegible]	
羅士軒		鄭雅文	
何亞娟		古[illegible]芬	
劉彥余		[illegible]	
何繹安		劉[illegible]	
劉明晴		吳東晟	
顏翊[illegible]		藍雲	
賴麗麗		林正三	
吳洪菱		蔣世傑	
洪芳[illegible]		江亭慧	
王妍人		陳莉[illegible]	
黃芳文 羅輝[illegible]	0989100230		

前排左莊雲惠，右丹萱；後排左起曾美霞、本書著者、林錫嘉、彭正雄、陳寧貴、許其正、劉益民

參與盛會的小詩人們和家長

莊老師指導小詩人們朗誦

各主持人，左是《華文現代詩》社長鄭雅文小姐

本書作者陳福者講評

△元月三十、三十一　星期六、日　全家日月潭渡假

佳莉考上台大圖資所，講好全家到日月潭渡假慶祝，行程都由孩子們安排，我和妻跟著玩樂。牧宏安排在涵碧樓住宿，視野極佳，房間裡看到整個日月潭。

兩天走了日月潭幾個重要景點，天氣這兩天也突然轉好，真是謝謝老天的恩典。全家至少十多年沒一起旅遊，此行很有意義。

涵碧樓太高級了，我和妻都說「這輩子沒住過這麼高級的房間。」也多虧讓牧宏花了好幾個萬元，後面是此行留影。

涵·碧·半·島

細說涵碧樓

涵碧樓位於日月潭涵碧樓半島，昔日為先總統蔣公行館，基地面積近十公頃，整個飯店依地形、用途不同，分A.B.C三館，A館為客房大樓。B館包含SPA、健身房、三溫暖、會員俱樂部等休閒設施。C館包含別墅區、會議室、圖書館、停車場等空間。

涵碧樓總樓地板面積26,690平方公尺，約八千建坪，總投資額新台幣18.6億元，鄉林集團自86年購併涵碧樓大飯店以來，歷時五年餘，始完成飯店之改建，於民國91年3月3日以全新風貌重新和國人見面。

以「極簡」、「禪風」為建築設計核心思想的涵碧樓，由木頭、石頭、玻璃和鐵等四大建材所構成，「Ongoing Style」之建築形式，自涵碧樓開幕後，讓國人眼睛為之一亮，甚至成為坊間許多餐廳、旅館、建築個案、商店抄襲的範本。

全家福，日月潭，2016，元月

與妻在日月潭，2016，元月

△春節前後、年假　很冷

今年春節前後，天氣很差很冷，經常又冷又雨，還是盡可能利用時間到溪岸健走，和平時無異。

小年夜，老天爺來個「南台大地震」，死傷慘重，整個年假都在救災。這是老天在譴責台南市台獨市長賴清德，先有登革熱，救苦救難都來不及了，他還在「搞台獨」，到底台獨重要或百姓人命重要？賴清德遲早報應，不是不報，時候未到。

△二月十四日　星期日　台大登山會新春開登

每年的新春開登都走大眾路線，今天從政大沿政大二街、循山徑小路下炮子崙走到青龍宮。到終點會長發紅包（一百元），大家很高興，今天至少有二百人參加。

△二月十六日　星期二　退聯會第一個上班日、幹部會餐

今天是退聯會年節後第一個上班日，按原計畫中午在尊賢幹部會餐。詳見第三篇，〈把握時間做事暨關於本會工作人員等定期辦餐敘的說明〉乙文。

餐敘到有副理事長何憲武教授、監事主席方祖達教授；各組長有許秀錦、杜雅慧、陳志恒、林意婷、林映月、劉鵬佛、陳昌枏、吳元俊、陳明珠、闞麗蘇，以及歌唱老師邱淑美、永遠的司儀陳美枝和我。

△二月廿四日　星期二　退聯會「烏克麗麗」開班

退聯會第二個次級社團今天開班，是由杜雅慧負責召集、聯繫的「烏克麗麗」學習班，今天下午第一次上課，地點在本校文康室，師資是本校社團的年輕老師。

參加成員有二十人：何憲武、方祖達、梁乃匡、杜雅慧、王來伴、林意婷、陳新翼、沈品瑤、林淑媛、廖月瑟、陳志恒、吳冰如、張蓓蒂、宋德才、吳宗男、陳明珠、孫啟璟、林恭如、魏素芬和我。

△二月廿五日　星期四　退聯會快樂歌唱班很有成果

快樂歌唱班是本會成立的第一個次級社團，運作的非常成功，這是陳志恒用心細心才有的成果，她承擔了所有行政工作，才使歌唱班成立以來吸引很多人參加。再者，她和邱淑美配合的很好，也是成功原因。

今天是例行練唱，教的是孫露的〈珍惜〉，成立以來大家已學三十六首「新歌」。

能給會員帶來一些快樂活動，讓我們這群退休人員（六十多到九十多歲），也再次相聚閒聊，我亦覺得有「成就感」。

△三月二日　星期三　晴

中午在海霸王餐會，到有總教官李長嘯將軍，主任教官有鄭大平、孫彭聲、吳普炎、楊長基、吳信義、陳國慶和我。另有來賓林素銀、林秀瑛。

△三月八日　星期二

退聯會的烏克麗麗班今天第三次上課，大家學習情形很好，雅慧用心聯繫使上課很順利。

18 遠走高飛（江蕙） 57814	36 珍惜（孫露）
17 荷塘月色（鳳凰傳奇） 57863	35 伴（黃小琥） 57016
16 愛不釋手（李麗芬）	34 情字這條路（潘越雲） 20660
15 數天數（龔玥） 48483、08173	33 夢醉西樓（陳瑞） 57990
14 想要你也難 不想你也難（音樂磁場）	32 風吹風吹（江蕙） 26388
13 古月照今塵（文章） 10548	31 至少還有你（林憶蓮） 30627
12 給你們（張宇） 18466	30 情生意動（曾淑勤） 31482
11 甲你攬牢牢（江蕙） 48753	29 套馬桿（烏蘭托婭） 01610
10 藍眼淚（陳冠蒲）(楊蔓) 01625	28 隱形的翅膀（張韶涵） 48005
09 夜色（潘越雲）(劉文正) 01457	27 我的快樂就是想你（陳雅森）
08 濤聲依舊（毛寧） 48498	26 朋友別哭（呂方） 11631
07 風吹的願望（江蕙&江淑娜） 26641	25 真的好想你（周冰倩）（費玉清
06 兩只蝴蝶（龐龍） 16914、18123	24 青花瓷（周杰倫） 16870
05 最浪漫的事（趙詠華） 11170	23 我和草原有個約定（鳳凰傳奇）
04 唱一遍一遍（費玉清） 57926	22 滿天星（黃思婷） 57810
03 走天涯（降央卓瑪） 01472	21 三寸天堂（嚴藝丹） 57726
02 你是我的花朵（伍佰） 16780	20 菊花台（周杰倫） 16700
01 煙花三月（童麗） 57148	19 傳奇（王菲）（李健） 57012

△三月十五日　星期二　理監事會、校長茶會

上午理監事會，除例行各組長報告，今主要討論幹部會餐事（詳見第三篇專文），我原構想把會餐「慣例化」，理監事會表決同意。副理事長會後提示我一些技術上問題，以免有後遺症。

下午參加校長主持的「退休人員茶會」，每次我和志恒參加，現場招兵買馬，成果很好。

台大退聯會第十屆第6次理監事會議

簽到表 105.03.15

編號	職稱	姓名	簽到
348	理事長	陳福成	
548	副理事長	何憲武	何憲武
026	理事	陳美枝	陳美枝
029	理事兼總務組長	鍾鼎文	×
036	理事	鄭大平	鄭大平
144	理事	王本源	王本源
459	理事兼秘書組長	劉鵬佛	劉鵬佛
464	理事	吳元俊	吳元俊
580	理事兼資訊組長	黃存仁	×
600	理事兼福利組長	丁一倪	丁一倪
613	理事兼E化組長	杜雅慧	杜雅慧
640	理事	陶錫珍	×
663	理事兼會員組長	陳志恒	陳志恒
673	理事兼文康及活動組長	許秀錦	許秀錦
701	理事兼會計組長	林意婷	林意婷
176	監事主席	方祖達	方祖達
339	監事	楊建澤	楊建澤
590	監事	梁乃匡	×
662	監事	高閬生	(請假)
678	監事	邱淑美	邱淑美
672	秘書組副組長	陳昌栩	陳昌栩
614	會計組	林映月	林映月

△三月十八日　好友餐敘　陰雨

中午一群好友在華國飯店會餐，有：俊歌、吳信義、台客、關麗蘇、蘭觀生、陳美枝、趙叔鑑、馬鳳姿、楊長基、彭正雄、陳淑貞和作者。大家都退休了，到處吃吃喝喝，互通情感，談笑風生。

△三月十九日　台大杜鵑花節　陰雨

今天下午一時到四時，在校門口值班，天氣不好，人不如往年多，去年此時天氣好，遊覽車一部部開來。

△三月二十日　星期日　全家生日會餐　晴

全家五人生日都在三到六月，就在三月一次全家生日餐會。牧宏訂在「樂埔町」（杭州南路），平均每人要八百元，室內景物很有格調，但食物的量太少，這種地方完全在吃「情調」。

△三月二十四日　星期四　充實的一天

上午是「台大退聯會快樂歌唱班」的時間，與妻一同參加，唱到十一時，和俊歌一起到華國飯店，參加信義師兄主持的全統會餐會。席間，勞政武先生談「寧共勿獨」，我有同感。

餐會到下午一時，我要回台大值班，先行離席。值班到下午五時，回家吃晚餐。

晚上與妻到中山堂，聽演唱會。是台大和北大的校園民歌聯合音樂會。

△三月二十五日　星期五　中國文藝協會理監事會

晚上在台北花園飯店（中華路二段），參加中國文藝協會的理監事會，理事長綠蒂主持，餐後他報告今年「五四」文藝節籌備情形。

△四月十九日　星期二　退聯會擴大慶生會

Our Youth
青青
NTU and PKU Campus Folk Song Concert
臺灣大學北京大學校園民歌聯合音樂會
2016.3.24 19:30
臺北市中山堂 (臺北市中正區延平南路98號)
＊節目相關資訊，請至臺大藝文中心arts.ntu.edu.tw網站查詢
＊自由入座，非持有保留席票券者請勿入座保留席
＊請於19:20前入場，19:20後視觀眾席空位狀況，開放現場候補觀眾入場
主辦單位 臺灣大學
贊助單位 來福大飯店
合辦單位 臺北市中山堂
北京大學

今天退聯會擴大慶生會，依往例時間安排上午九時到下午二時，主要是上午時段，午餐後零零星星散會了。文康室（台大巨蛋一樓）內近百人，盛況空前。

上午時段安排本校排舞社表演，另有「吳信義國標舞團」，團員有：趙華淼、邱麗霞、李山栗、張梅萍、孟存庸、陳淑貞、李舜玉、王蜀禧、樊長松、及信義學長。

△四月二十二、二十三日　天氣好　台中掃墓

為避開人潮，掃墓安排在清明後，也為配合孩子時間。佳青、佳莉和我回台中，與妹妹兒孫聚餐，驚覺竟「繁殖」了這麼多人口，有六個貝比叫我「舅公」了！

有六個貝比叫我舅公！

兩個妹妹「繁殖」了這麼多！

△四月二十五日　星期一　天氣好　同學遠足

老同學一起郊外遠足、聊天、吃飯，周立勇、高立興、童榮南、林鐵基和我。陸官的，現在和我有交往的，大約十人，許多是越走越遠，因緣不在了！我也不想刻意經營！

△四月二十九日　星期五　好天氣　台客邀鶯歌一日遊

台客邀鶯歌一日遊，到有俊歌、信義、蘭觀生、小馬、陳美枝、陳淑貞、關姊、趙叔鏗和我，共十八。

△五月六日　星期五　祝賀詩人王幻九十大壽

老詩人王幻寄來他的詩集，《晚吟樓詩文集》（傳統詩），是他的九十大壽紀念集。我賦詩一首寄給他，亦表祝賀。

王老大哥晉九旬，
晚吟樓詩如玉金；
綿綿瓜瓞含飴樂，

　　國史有路任其行。

老詩人對台獨也憂心，我詩「國史有路任其行」，意說中國歷史分分合合，自有其方向，希望老詩人別操心了，畢竟九十歲了，能奈何！

△五月七日　星期六　母親節

有個兒子當醫生有不少好處，平時看病拿藥都方便，等於家裡有個健康顧問。

還有他收入佳，過著好日子，父母少操心，他有錢父母多少沾到邊。例如，母親節他請全家吃法國餐，這是我和妻這輩子第一次吃到法國餐。還有，他明天請我和妻聽蔡琴演唱會，票價二張四千八百元，算來很高級的。

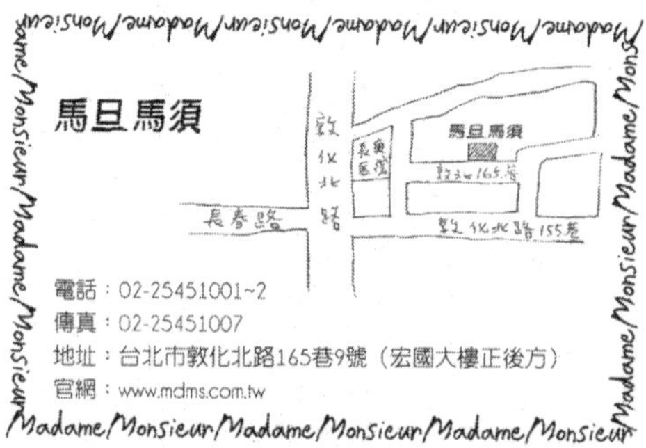

△五月八日　星期日　母親節　聽蔡琴演唱會

聽蔡琴唱幾首歌，要花四千八百元，太太說她絕不會去買，我也是。聽老歌，在客廳放帶子，手機上也多的是，何必花大錢！

但這不一樣，母親節，孩子為表孝心，請我們倆老到高級的地方聽歌，意義便是不凡，孩子的孝心是無價的。

今晚蔡琴以上海一段情↓香港一段情↓台北一段情，把八十年來巨星的代表作都唱了。最後，唱她自己的成名歌曲，〈洽似妳的溫柔〉她說已唱九萬次了，這一定是「詩語言」。

△五月十日　星期二　老營長陸官二十八期孫大公走了

老營長孫大公走了。

晚上，營長的夫人孫毓軒女士，從美國打電話來，學長是在五月四日凌晨二時四十五分，在睡夢中走了，他今年八十五歲。營長生前已立遺言，火化後骨灰洒在加州海岸。我是陸官四十四期，老營二十八期，兩人差十六個年度，本不可能任何「關係」，但意外兩人有一段深厚的緣，說來話長。要看我的兩本書：《我所知道的孫大公》（二〇一一年文史哲出版）、《為中華民族的生存發展進百書疏》（二〇一三年文史哲出版）。

△五月十一日　星期三　與妻到承天禪寺賞桐花

與妻到承天禪寺（在土城）賞桐花，走山路步道。中午在一家「鹿鶴園」吃午餐，素餐典雅。在涼亭中見廣欽老和尚法語：

我們修苦行是藉各種事境，磨練我們不起無明的煩惱，洗除習氣，鍛鍊做人做事的各種能耐。打破一切順逆境的分別，就是在修苦行。

△五月二十日　星期五　晴　偽政權上台

今天是「台獨偽政權」上台，「白衣魔女蔡英文」講了一些屁話，真相是「真賣台」，不懂的看熱鬧，內行的看門道。

別以為她是幾百萬人民選，就不叫「偽」。中國歷史的「正、偽」，從來不以人口、土地大小算。三國時代魏政權、民國的「滿州國」、毛澤東時「馬列中國」，人口土地夠大吧！都叫「偽政權」。

△六月一日　星期三　晴　秘書室志工會餐

台大秘書室志工午会簽到　2016.6.1.午　華國大飯店

姓名	簽到	姓名	簽到
陳福成	陳福成	郭正鴻	郭正鴻
吳元俊	俊[illegible]	許文俊	許文俊
吳信義	吳信義	叢曼如	叢曼如
陳蓓蒂	陳蓓蒂	林嘉愛	林嘉愛
吳宗男	吳宗男	陳美蘭	陳美蘭
[illegible]	[illegible]	孫賢法	孫賢法
林淑媛	林淑媛	吳菊卿	吳菊卿
楊長基	楊長基	貴賓	張其恩
宋德才	宋德才		林玫婷

△六月三日 星期五 晴 教官餐會

這群退休老教官，都是總教官李長嘯將軍任內的老部下，每年四次餐會，今晚在北海漁村。到有老總、吳普炎、吳信義、鄭大平、孫彭聲、吳元俊、楊長基和我。另有來賓林莉華、林秀瑛。

△六月八日 星期三 晴 吃吃喝喝

又是一群退休朋友，我們也是定期餐會，今天中午在海霸王。到有彭正雄、台客、趙叔鏗、吳信義、馬鳳姿、蘭觀生、俊歌、關麗蘇、陳淑貞。

△六月十三日 星期一 晴 四十四期小圈圈會餐

陸官四十四期同學中常聚會的，就剩這幾個了。今天中午在三官部文華廳餐敘。到有解定國、高立興、童榮南、林鐵基、袁國台、桑鴻文、陳方烈、郭龍春和我。另有四十五期的金克強，另有幾位有事不能到。

△六月十八日 星期六 晴 佳莉畢業

佳莉終於輔大畢業了，今天我和妻專程去參加她的畢業典禮，過幾個月她要讀台大研究所了。

△六月二十、廿一日　台大退聯會花蓮二日遊

「花蓮二日知性研習營」

6/20	07:20-7:40	【台北車站北2門取票】
	08:00-10:19	【自強號410】
	10:50-11:50	【七星潭】 七星潭位於花蓮縣新城鄉北埔村，在花蓮機場的東側，七星潭是一個突於美崙鼻一側的海灣；七星潭從前是花蓮發展定置漁業最興盛的地方，早年是真的有零星湖泊散佈
	12:00-13:00	【七星潭七海灣海景餐廳】午餐
	13:30-14:30	【松園別館】 松園老時光 松 園別館約曾稱花蓮港「兵事部」辦公室，建於世界二次大戰後期，1942年4月1日為開廳日，此 地在日治時期曾是高級軍官休憩所，傳言日本神風特攻隊出征時也會在此接受天皇賞賜的「御前酒」，增添許多想像空間。終戰後，此地由國民政府軍隊接管，民國 36 年管理單位為陸軍總部，曾為美軍顧問團軍官休閒度假中心。
	15:00-17:00	【雲山水】 有熊的森林起源於對花蓮這座城市的一份熱愛與關懷，遴選壽豐鄉雲山水這片後山淨土，作為夢想種子的孕育地。園區內有蘊藏生機蓬勃的各樣物種、四季分明的落羽松，以及雲朵、山嵐及湖水交織同圖畫般的美麗景緻。
	18:00-19:00	【立川魚場】晚餐 「立川漁場」是以養殖黃金蜆、澳洲國寶的貴妃魚及香魚為主的養殖區；為了推廣旅遊，也推出「 摸蜊仔兼洗褲 」的的活動，適合全家大小朋友一起參加。來到這裡，更不可錯失在該漁場餐廳，或在花蓮車站前形象商圈店，品嚐有立川三寶之稱的黃金蜆、貴妃魚及香魚。
	19:00	【阿思瑪麗景大飯店】四星級住宿
6/21	07:00-08:20	晨喚早安.飯店內享用豐盛早餐. 整理行李.辦理退房.
	08:40-09:20	【慶修院】一九一七年，川端滿二在吉野移民村募建了這座布教所，以宗教安定的力量，撫慰移民的思鄉之情…一九一七年，川端滿二在吉野移民村募建了這座布教所，以宗教安定的力量，撫慰移民的思鄉之情…...
	10:20-12:00	【馬太鞍休閒農業區】馬太鞍生態園區位於花蓮縣光復鄉馬錫山腳下，不但是古老阿美族部落的居住地，廣達12公頃的沼澤地，更是花蓮境內面積最大的溼地。馬太鞍園區因為沼澤地形，以及原住民特有的生活習性，長久以來發展出自成一格的生活文化，這個孕育特殊人文內涵和自然景觀的地區，近年來更因為休閒農業和社區總體營造的發展，而逐漸成為生態文化旅遊的新據點。
	12:00-13:00	【馬太鞍】午餐
	13:50-15:00	【白鮑溪生態公園】　白鮑溪嚴格說起來算是溪上游，此處是「台灣翠玉」礦的產地，河床中富涵有各種閃著綠色和紫色的石頭，就是聞名的「豐田玉」和「蛇紋石」，目前到這兒的遊客，除了在河床上盡情戲水時又能一邊在河床中挖寶，撿取喜歡的石頭。
	15:30-16:00	【阿美小米文化館】
	16:30-18:10	【櫻之田野】晚餐
	19:08-21:16	【普悠瑪239】．返回溫暖的家~~期待再相會

△六月二十八日　星期二　帶領烏克麗麗班走一段路

由雅慧所策劃的「退聯會烏克麗麗班」，第一階段課結束，身為理事長總得帶大家走一段路，以示帶頭參與，差不多在「穩定成長中」，我便可抽腿。

初階班後，我再用四次輔導，把基本功落實，便可放開，讓他們自己走，今年校慶表演就看他們了。老夫我，今年想當觀眾。

△七月三到六日，星期日到三　佛光山佛學夏令營

一如往年，信義、俊歌兩師兄、關姊和我，每年此刻都到佛光山住幾天，是否修行？收穫多少？每個人都不一樣。一樣的是，這段時間內心平靜，且了無牽掛！每日除早晚外，重要課目和講師如下。

◎心保和尚，〈人間佛教的根本教義〉。

◎慧印法師，〈佛門禪修體驗〉。

◎永中法師，〈佛教東傳中國後的發展〉。

◎永融法師，〈佛教藝術之美〉。

◎覺培法師，〈人間佛教佛陀本懷〉。

◎鍾茂松檀教師，〈當代人間佛教的發展〉。

前一天，七月二日晚上，信義、俊歌和我，先到佛光山，師兄弟三人睡一房，這真是五百年難有的因緣。這幾天，我們都同進同出，一起參觀、上課、照相，難得的相聚和清淨，照片見書前。

六個重要主題，正是星雲大師《人間佛教：佛陀本懷》一書的各章，師父在〈我對人間佛教的體認〉提要中，有一段話是我新的體認和「新得」：

人世間不會有世界和平，世界和平只是一個理想，就如佛與魔，佛的世界與魔的世界，永遠都是分開的；所以，解脫只能要求自己，不能要求別人。外相的世界不會和平，但自我的世界會和平，等於地藏菩薩「地獄不空、誓不成佛」，地獄是不會空的，但地藏菩薩的願力廣大，他心裡的地獄是會空的，他是會成佛的。（見該書第十八頁）

以往我總想「普渡眾生」、「地獄不空、誓不成佛」、世界和平等，似乎是「不可能的任務」；原來另有所指，自己內心的世界才是可能的，以後當以此警惕自己，自己內心的世界要設法「接近佛」，遠離外境魔的世界。

△**七月十七日　星期日　晴**

上午：和台大登山隊去爬山，從大直捷運站↓雞南山步道↓文間山↓臨溪步道。事前已和信義、俊歌二兄約要一起爬山，俊歌怎麼忘了？

下午：參加佛光山台北道場法座會，關姊、信義、俊歌、長基和我，這是事先約好大家一起參加。

△**七月二十五日　星期一　約同學來台大遠足**

陸官同學六百多人畢業，現在和我有「經常性」聯繫，只剩下這些了：高立興、解定國、童榮南、陳方烈、周立勇、林鐵基。今天我約這幾位到台大校園「遠足」，中午就在「鹿鳴堂」吃飯，中午太熱了，餐後帶他們到「退聯會」辦公室吹冷氣、聊八卦。

當然，袁國台、路復國和我也很好，他們今天請假。另外，劉建民、虞義輝、張哲豪和我，以「長青」之名交往數十年，但近五年已無聚會，我若不主動打電話，便永遠無消無息，說來也是遺憾。我知道四人中，有「心結」打不開，往昔純潔的友誼，恐已

「緣起緣滅」了。但若追到根底，這「心結」是女人結出來的！

△（補）七月十八日　星期一　一個台獨份子來找我

今天，一個女台獨份子來找我，她是台北市再興幼稚園退休老師，叫林雪如，與妻都是再興退休「老友」，她們至今仍是「朋友」，只是碰面不談政治。台灣的藍綠已成「敵我關係」，她們還能交往，有點奇怪！

女台獨份子林雪如，她聽說台大有一種「餅乾冰淇淋」很好吃，要我帶她去買。當然這是看在妻的面上，否則我不會和這些背叛祖宗、血緣，又搞不清「我是誰」的人接觸，異類相背，同類相聚。

為什麼這些人搞不清自己是誰？明明流著炎黃的血脈，中華民族的一員，你就是中國人，你的父母祖宗八代都是中國人，現在背叛了，完全是一種漢奸思想，這些人中毒太深了，沒救。台灣須要發動一場革命戰爭，才能徹底清除掉台獨份子，清洗掉漢奸台獨思想，台灣才有光明的未來。

或許有人以為發動一場革命戰爭，代價太大。深入思考這個問題，應該是「合算」的。國家之統一，民族之復興，不經由革命戰爭，不可能完成。如法國大革命、俄國一九一七革命、孫中山國民革命，此乃近代世界三大革命皆如是。要消滅台獨，完成中國之統一，中華民族復興富強，滅獨之戰是關鍵之役，滅獨之戰一定要打！

不論陳水扁、蔡英文，本質都是「台獨偽政權」，乃「不法政權」，是「非中國」了，須以戰爭手段除之。這喪心病狂的台獨份子，真以為台灣可以獨立，拼命操弄。難道十三億中國人是紙做的！解放軍是假人，而台灣之不能獨立，更大的阻力是文化、是台灣人信仰的眾神，這點很多人想不到、不懂。而我，太懂了！

△七月二十九日　星期五　看空心菜處理火燒車事件

大陸旅客在高速公路發生「火燒車」，全車二十六人全燒死，含台職導遊、駕駛，無一生還。警調單位查了一個星期了，發現極可能駕駛故意要自焚，這種事會「傳染」，很可怕。台灣因台獨操弄，很多人瘋了！

但讓我最看不下去的是，空心菜蔡英文，同胞死二十幾人，她從頭到尾沒說一句安慰話，一個台人導遊公祭她送輓聯，明顯是故意做給那些綠色豬種看。什麼蔡英文！那死樣子不夠格當台灣領導，真是最邪惡的妖孽，有這種女妖胡搞，真是台灣人的災難！

△八月三日 星期三 原來台獨份子才是真正的豬

「火燒車事件」，陸客死了二十六人，一群台獨份子說：「火烤二十六條支那豬，爽。」

人心中是什麼？看到的就是什麼！這是大家知道的「平常道理」。台獨份子這樣說，可見他們才是一群豬，從豬的眼光看世界，全世界都是豬。再者，「支那」是西方列強和倭奴國（日本），故意貶低中國人的稱謂，那些台獨份子的血肉骨都是「中國種」，道地的炎黃子孫，而今竟背叛了自己祖示血脈，其中毒之深，已達無藥可救。

台大哲學系教授林火旺為此，寫了一篇文章〈一句話降低了我們文明的程度〉（《人間福報》二〇一六年八月二日，五版），嚴厲批判這種「獨派論述」，認為沒有人性，不僅人品低劣，實際上是羞辱了全部台灣人，使台灣回到禽獸世界，台灣真可悲，只有少數人是「人」，如林火旺教授。

林教授引述亞里斯多德、康德、孟子等思想家論證，這樣說的台獨份子非人也（才是真正的豬），教授罵的好，爽啊！

教授引述德國哲學家康德的理論，認為人類的特點就是理性，而這個理性便是人性

（Humanity）；但人性中也有獸性（Animality），如生理慾望的需求、避免痛苦等。而人性的展現則在道德行為。

教授進而引孟子四端說：「人皆有不忍人之心」、「乍見孺子將入於井，皆有怵惕惻穩之心」、「由是觀之：無惻隱之心，非人也。無羞恥之心，非人也。無辭讓之心，非人也。無是非之心，非人也。」是故，那台獨漢奸份子，竟說：「火烤二十六條支那豬」，顯然他們皆「非人」，不是人，全是禽獸，說人豬，自己正是豬頭。

我禮贊林火旺教授，禮贊他的道德勇氣！當那「豬說」，蔡英文竟也「默認」，顯然她也「非人」，她在我心中不過一隻「母豬」，而不是「台灣區領導！」。

△八月五日　星期五　地球快不能住人了

今天的《人間福報》四版，南方朔先生有一篇專輪，〈台灣已成了燒烤地獄〉，除了警告自然環境惡化，似也指台灣的社會和人心「地獄化」，這應是搞台獨的結果。李登輝、蔡英文這些惡魔妖女，是最大禍源！而人民這麼容易被洗腦，真是悲哀！

但在第九版有一首無門慧開禪師詩偈，讓人感覺人生還是可以很自在的活下去，不要因地球快不能住人和台灣社會「妖魔化」而煩惱：

春有百花秋有月，夏有涼風冬有雪；
若無閒事掛心頭，便是人間好時節。

無門慧開（宋淳熙十年～元世祖中統元年，一一八三～一二六〇年）。俗姓梁、字無門，浙江杭州人。為南嶽下十八世。臨濟宗楊岐派。常奉詔為宋理宗說法，曾因祈雨應驗而獲賜金襴法衣，並敕封「佛眼禪師」，著有《無門慧開禪師語錄》、《無門關》。

人間煩惱太多了，除了地球環境日愈惡化外，台灣社會因台獨份子的存在，使人心日愈「妖魔化」，都是揮不去的惡夢。眼前台獨妖女蔡英文，正領著一批背叛炎黃老祖及父母祖宗，要讓台灣脫離中國，成為美日文化殖民地的不孝子孫，要背叛中華民族。這些人可惡到極點，台灣應該有革命志士起來領導一場革命戰爭，推翻台獨偽政權，清除掉所有台獨思想，才是人間好時節。

△八月六日　星期六　啓動台灣革命推翻台獨偽政權。

對於台灣社會一直「去中國化」，可以說很危險，要「消滅台獨」只有用戰爭手段，不外兩種途徑。外力介入是中國解放軍征討，內力則是由台灣內部啟動革命力量，一舉維翻「台獨偽政權。」理由如次：

㈠台灣目前已「非中國」，更「非中華民國」，只是一種「地方割劇政權」，中央（中國軍隊）有權來征討，且是合法的征討地方叛亂組織。

㈡在中國歷史上，分離分裂主義都是「非法的」，暫時的，台獨勢力正是一種極邪惡組織，應儘早消滅之，以免禍國殃民（已經在禍國殃民了）。

㈢內部革命力量的形成，須要「軍人先覺醒」，三軍官兵（含退伍軍人），應知你一生努力的是「中國之統一與富強」，台獨偽政府已非效忠對象。三軍官兵！用你手上的槍起來推翻妖女蔡英文，這不是政變，這是合法的革命行動！

△八月七日　星期日　江春男酒駕。妖女蔡英文護短

將要派駐新加坡代表的江春男酒駕，被查獲依公共危險罪移送台北地檢署偵辦，國內外社會抗議要換人。妖女蔡英文竟說「那是私領域問題，與派駐新如坡代表無關。」好可怕的妖女！這種事要是發生在國民黨，妖女蔡已經發動了全台爆動，台灣好可悲！

△八月八日　星期一　父親節

孩子們請吃飯、送智慧手機，像是不錯的節日。

△八月九日　星期二　「時代力量」其實是時代敗類垃圾

現在政壇上的台獨眾牲中，有一群叫做「時代力量」，我左看右看都是名符其實的「時代敗類」，台獨外圈，李老番癲的代言人，是中華民族的敗類，未來必受到中國史的清算和痛批。中國，武力完成統一吧！終結台灣人的災難！

△八月十六日　星期二　任內最後一次主持擴大慶生餐會

退聯會每年要辦數十種各型活動，屬於擴大慶生同樂會有三次，今天是我任內最後一次辦，地點也在台大巨蛋文康室。開場致詞，我又朗誦了慧開禪師（見前八月五日介紹）詩偈，與大家共勉：「春有百花秋有月，夏有涼風冬有雪；若無閒事掛心頭，便是人間好時節，」師父星雲大師也寫了「一筆字」。

這次慶生同樂會請了兩個表演團體，排舞社是本校社團，每次都邀請。第一次來的是「陳美枝小提琴隊」，名單如下：饒瑞雄（老師）、吳龍之、黃菊夢、陳靜英、林碧霞、

陳秀碧、楊書芳、林佩穎、李夏芳、施涼滿、陳美枝

參加的會員也不少，但好像半數是老面孔，大概任何聯誼性組織，就算名冊上千人，但常會參加活動的人，似乎在二成以下。今天參加者略記有：陳昌枏、許秀錦、邱淑美、林意婷、劉清美、杜雅慧、林進歲、陳志恒、王來伴、茹道泰、鄭丹楓、林映月、林徐蘭香、林泗濱、陳新翼、周泰男、陳美枝、鄭德祥、翁仙啟、蕭富美、王本源、洪林寶祝、楊維楨、黃啟原、方祖達、曾廖日妹、林添丁、余素婉、楊建澤、呂芳蘭、柯碧蓮、林高碧靠、莊桂蓮……

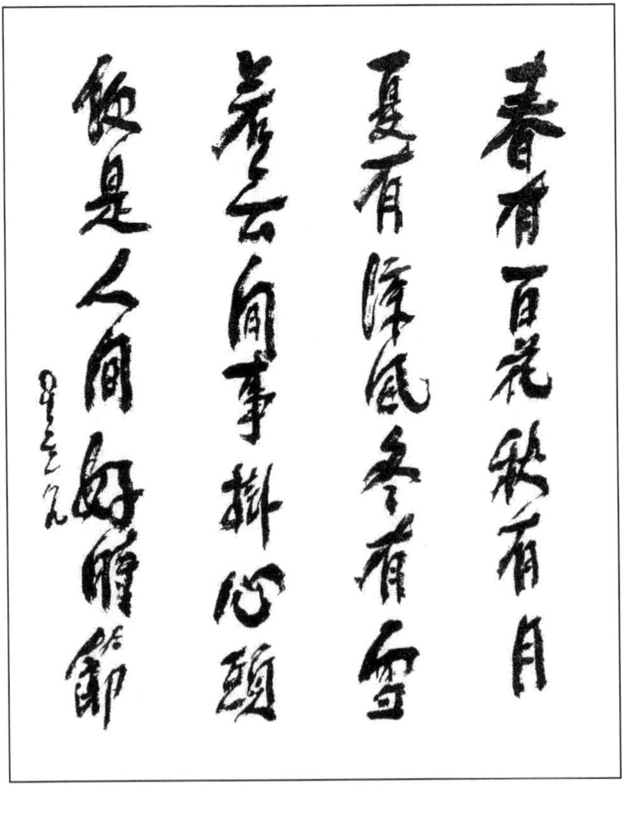

△八月十九日 星期五 林志玲妹妹說：大都都是中國人

這幾天的熱門新聞，是名模林志玲說：「大家都是中國人。」引起數百萬綠營那些中華民族的敗類不安，不知志玲的父母還搞不搞台獨？

林志玲是很多男人的「夢中情人」，當然也是我的，她這樣說，可見她是極有智慧、勇氣的女人，不像那些搞台獨的豬八戒，「不知道自己是誰」；明明自己就是中國人，血液流著炎黃的血，卻要否認自己的血緣和歷史文化關係。

志玲，我敬佩妳！我更愛妳！我是妳永恒的「粉絲」，希望妳運用自己的影響力，能改變一些「台獨豬」（這是游錫堃的語言），讓他們從「豬」轉成「堂堂正正的中國人。」

△九月一日 星期四

八月二十三日開白內障手術，不須住院，快十天了，眼睛還不太能用，可能要不方便一個月。

△九月三日 星期六 大遊行 推翻台獨偽政權

我喊的口號：推翻「蔡匪政權」、推翻台獨偽政權。

站出來！向蔡英文怒吼！

敬愛的聯合總會會員先進：大家好！

這些年來，居心不良的政客、媒體挑起對公教軍警人員的汙衊、打擊！挑起社會對公教軍警人員的仇視、對立！嚴重傷害公教軍警人員的尊嚴，也剝奪公教軍警人員的權益！更有甚者，民進黨蔡英文當選就職後，立即成立所謂「年金改革委員會」，針對公教軍警退休人員進行批鬥，說什麼國家財政困難？說什麼吃垮下一代？說什麼世代公平正義？磨刀霍霍地準備砍殺退休金！這種文革式的鬥爭，斯可忍孰不可忍？因此，我們在今年6月16日正式成立「監督年金改革行動聯盟」，集體發聲為捍衛尊嚴、維護權益而奮鬥！

我們有很多的感慨：

當軍人士氣不是被敵人打散，而是被民粹壓垮……

當公務人員已經尊嚴掃地，不敢堅持應有專業……

當尊師重道的倫常已經不再，使教師懷憂喪志……

我們感慨：

美麗的寶島臺灣~~曾是世上人情味最濃的地方，曾幾何時，而今卻淪為政客無所不用其極的誣衊栽贓、污名化代表公權力的公教軍警人員，目前社會充斥著一種批判鬥爭的氣息，打擊著始終沉默的一群，而這一群正是終身在為國為民打拼的公教軍警人員，情何以堪。

我們更感慨：

我們的聲音，當政者不但聽不到，不想聽，不敢聽，而且發動媒體預設立場的連續攻擊！

我們忍無可忍，我們要站出來，我們要走向街頭，展現我們的團結力量，向政府嗆聲，向執政者怒吼，並還給我們應有的尊嚴，捍衛我們的權益。

敬請大家一起號召我們的夥伴共同響應，站出來，走向街頭！！！

活動時間：105年9月3日（星期六）下午1點～6點

集結地點：

一、軍職人員：大安森林公園西側（新生南路二段）※陸官校友會集結點在中正紀念堂大孝門。

二、公務人員（含警消）：二二八公園東側（公園路）

三、教育人員、勞工團體（鐵路、公路、郵政、港務、北捷、各銀行…等工會）：中正紀念堂西半部－自由廣場（中山南路）

四、軍職人員（陸官校友會）：中正紀念堂東半部-大孝門（愛國東路）

五、上述公教軍警人員於四點前，最後總集合在凱達格蘭大道前

※本會人員，可到上述地點集合，本總會在二二八公園集結並設有旗幟服務處

全國公教軍警暨退休人員聯合總會

總會長胡志強　敬上

聯絡人：林水吉 0932032549

陳金庫 0933915658

徐秘書 0939943139

105年8月11日

△九月六日　星期二　理監事會　歷屆理監同樂會

今天上午開理監事會，報告資料見第三篇。

同樂會名單如後。

台大退聯會第十屆第8次理監事會議

簽到表 105.09.06

編號	職稱	姓名	簽到
348	理事長	陳福成	陳福成
548	副理事長	何憲武	何憲武
026	理事	陳美枝	陳美枝
036	理事	鄭大平	鄭大平（請假）
144	理事	王本源	王本源
459	理事兼秘書組長	劉鵬佛	劉鵬佛
464	理事	吳元俊	吳元俊（俊歌）
580	理事兼資訊組長	黃存仁	（請假）
600	理事兼福利組長	丁一倪	丁一倪
604	~~理事兼~~會計組長	林映月	林映月
613	理事兼E化組長	杜雅慧	杜雅慧
640	理事	陶錫珍	陶錫珍
663	理事兼會員組長	陳志恒	（請假）
673	理事兼文康及活動組長	許秀錦	許秀錦
701	理事兼總務組長	林意婷	林意婷
176	監事主席	方祖達	方祖達
339	監事	楊建澤	楊建澤
590	監事	梁乃匡	（請假）
662	監事	高閬生	高閬生
678	監事	邱淑美	（請假）
672	秘書組副組長	陳昌栩	陳昌栩

歷屆理監事及組長名單-9月6日同樂會聯絡結果

編號	原單位		姓名	備註	9/6	說明
013	學務處	職	范信之	02組長 03.05理事	否	輕度失智
018	軍訓室	教	宣家驊	01.02理事長 03監事主席 04副理事長 05理事 06名譽理事	v	
026	軍訓室	教	陳美枝	06.07.08.09.10理事	v	
029	軍訓室	教	鍾鼎文	02.03.04.05.06.07.08.09.10理事	v	太太陪伴來
033	軍訓室	教	鄭義峰	03監事	v	
036	軍訓室	教	鄭大平	09.10理事	?	黨部10:30另有會議,結束後若來得及就趕過來和大家打招呼
044	總務處	職	林 參	02.03.04理事		住院
109	圖書館	職	王鴻龍	01.02.03理事	否	要去醫院看病
118	文學院	教	周駿富	01.02.03監事	否	身體不好
127	理學院	教	李學勇	01.02.03.04.05.06理事	v	
133	社科院	教	蕭富美	02組長 04.05.06監事	否	眼睛不好
137	法學院	教	沙依仁	04理事 05.06理事長 07.08.09監事主席	否	行動不便
141	法學院	職	車化祥	02.03.04.05.06.07理事	否	行動不便
144	法學院	工	王本源	01.02.03.04.05.06.07.08.09.10理事	v	

166	工學院	教	楊維楨	01.02理事	v	
175	農學院	教	徐玉標	04理事	否	行動不便
176	農學院	教	方祖達	02副理事長 03理事長 04.05理事 06名譽理事 08.09監事 10監事主席	v	
184	農學院	職	路統信	02監事主席 03副理事長 04.05.06.07.08.09理事	v	
187	農學院	教	郭寶章	01.02.03理事	v	年事已高, 104未繳費, 今已停權
188	農學院	教	康有德	04理事	v	2362-9700台大
189	管理學院	職	董元吉	01理事	否	不克出席
246	理學院	職	林添丁	04.05.06.07.08.09理事	v	
254	附設醫院	職	謝美蓉	04.05.06.07.08理事	v	
313	法學院	教	張甘妹	04監事 05.06監事主席		沒人接電話
339	農學院	教	楊建澤	02組長 04理事長 05.06.07.08監事 06名譽理事 09理事 10監事	v	
348	軍訓室	教	陳福成	08理事 09.10理事長	v	
394	理學院	職	陳雪嬌	05.06.07.08監事	否	週二要值班
400	農學院	教	吳銘塘	03理事	v	眼睛看不見,會有一人陪伴
404	農藝系	教	朱 鈞	05理事	v	

416	總務處	工	劉秀美	05.09監事	v	
425	總務處	職	翁 文	04監事	v	
459	學務處	職	劉鵬佛	05.06.07.08.09.10理事	v	
464	軍訓室	教	吳元俊	05.06.07.08.09.10理事	?	值班, 不確定能否找到代班者
469	總務處	工	林徐蘭香	05組長	v	
540	學務處	職	陳明珠	06.07.08理事 09.10組長	v	
548	醫學院	教	何憲武	06理事 07.08.09.10副理事長	v	
556	總務處	職	許雪娥	07.08監事	v	
570	總務處	職	茅增榮	06理事	v	
580	社科院	職	黃存仁	06.07.08.09.10理事	否	另有要事
590	理學院	教	梁乃匡	09.10監事	否	出國
600	農學院	教	丁一倪	07.08理事長 09.10理事	v	
604	會計室	職	林映月	10理事	v	
613	研教組	職	杜雅慧	07組長 08.09.10理事	v	
640	生科系	教	陶錫珍	09.10理事	v	
662	總務處	職	高閩生	09.10監事	v	
663	註冊組	職	陳志恒	09組長 10理事	否	出國去日本
672	進修教務組	職	陳昌栩	10副組長	v	
673	總務處	職	許秀錦	09組長 10理事	v	
678	計資中心	職	邱淑美	10監事	否	出國去內蒙古
701	社科教分處	職	林意婷	10理事	v	
			關麗蘇	06.07.08.09組長	v	

陳志恒 整理 參加共 計36人(含2陪伴者) 另有2人不確定

△九月七日　星期三

國軍同志們，不論已退伍、未退伍的，大家不要忘了，國軍使命是完成中國的統一、繁榮和富強，使廿一世紀成為中國人的世紀。

所以，大家光遊行是沒用的，要宣傳革命思想，以中國全民力量推翻台獨偽政權，才是根本解決台灣問題的方法。

△九月十八日　星期日　參加佛學會考

接觸佛法約有十年了，不太用心，但專心於和佛法相關的寫作，至今把佛法溶入我的寫作材料成書出版有：《梁又平事件後：佛法對治風暴的沉思學習》、《一隻菜鳥的學佛初認識：讀星雲大師著作的心得》、《鄭雅文現代詩的佛法衍繹》三本，另在《葉莎現代詩欣

➡監督年金改革行動聯盟發起的九三大遊行，號召退休軍公教警消勞人員走上街頭。　圖／中央社

賞》、《日本問題終極處理》等書，也用了佛法的解釋。

寫了這幾本書了，但參加佛學會考仍無名次，預料中事，我是隨興寫寫而已。同考的尚有信義、俊歌二兄，俊歌猛K考古題，果然「高中狀元」。

△九月二十日　星期二　台灣特產：漢奸

台灣因被日本統治過，至今一大堆人仍受「皇民化」遺毒影響，不承認自己是中國人，不願成為中華民族的一員，真是台灣的悲哀。但為何大陸來台的二代也有叛徒，如最近網路傳的：林全（江蘇）、姚立明（浙江）、段宜康（江蘇）、王定宇（海南）、顧立雄（上海）、謝志偉（廣東）、金恒偉（浙

佛學會考 考試通知單

教師分會　陳福成　　師兄/師姐：

請持本通知單於9月18日當天前來報到領取准考證。參加佛學會考考試必須依憑 准考證方能入場，請勿遺失本通知單。

備註：

(1) 考試日期：105年9月18日

(2) 報到時間：當天下午1:00～1:30

(3) 報到地點：A組考區～13樓法堂

(4) 考試說明：當天下午1：30

(5) 服裝：一般便服

(6) 請自行攜帶原子筆應試

佛光山台北道場佛學會考 行政組

江）、馬永成（福建）、陳師孟（浙江）、鄭南榕（福建）、梁文傑（浙江）、趙天麟（安徽）、戴立忍（山東）、尹伶瑛（湖南）、劉一德（湖南）、廖中山（河南）、宗才怡（安徽）、趙志強（浙江）、小野（福建）、周玉蔻（山東）、陳立宏（福建）、馮光遠（上海）、王時齊（湖南）、于美人（青島）。

△九月二十七日 星期二 三校未婚聯誼籌備會

今天在大一女召開「三校未婚聯誼」第二次籌備會，參加名單如下（為保護個資、姓名略一字）。三校是台大、師大、台科大。

105.10.23「真情相約・愛相隨」單身聯誼活動						
序號	姓名	暱稱	生日	姓別	學歷	職業
1	張 瑤	kate	74	女	大學	台大幹事
2	黃 音	yin	78	女	碩士	台大組員
3	許 之	奐之	74	女	碩士	關渡醫院語言治療師
4	劉 嘉	又嘉	73	女	碩士	台北市麗湖國小教師
5	李 誼	Lorna	72	女	博士	台大工科海洋助理
6	陳 倫	Verna	68	女	碩士	台大助理
7	李 玟		71	女	大學	中華電信管理師
8	蔡 蓉	Judy	79	女	大學	國立基隆海事職業學校管理員
9	周 蓉	Cindy	65	女	碩士	台科大藥師
10	翁 嫺	采嫺	70	女	大學	台科大組員
11	陳 均	妍均	76	女	大學	調查局調查官
12	吳 哲	Shirley	77	女	碩士	財政部職員
13	吳 怡	Jenny	76	女	碩士	台灣通用磨坊商業分析師
14	郭 廷	Sophia	77	女	大學	台科大助理
15	陳 玲	iris	73	女	大學	台灣大學幹事
16	陳 華	Alice	78	女	大學	台灣大學幹事
17	劉 萍	Melody	67	女	大學	台大助理
18	蔡 潔	Genevieve	73	女	大學	東吳大學講師

台大由教授聯誼會、職工會和退聯會共同主辦，舉行時間訂在十月二十三日，地點是文山農場（在新烏路），這裡山明水秀，可以讓青年男女很有感覺。

不婚已成世界潮流，原因很複雜，但傳統婚姻制度式微是重要因素。歷史如浪，只會向前不向後退卻，那些不合用的制度，只好丟入歷史成為「古物」。

△九月二十八日　星期三　四年兩任理事長的回顧

時間很快，我四年兩任「台大退聯會理事長」到了尾聲，忙著把這四

105.10.23「真情相約・愛相隨」單身聯誼活動

序號	姓名	暱稱	生日	姓別	學歷	職業
1	蘇　烈	Eric	63	男	碩士	台大副理
2	黃	襄哥	74	男	碩士	台北市場處督導員
3	陳　捷	弘捷	66	男	碩士	新北市政府財政局科員
4	劉　睿	阿睿	74	男	大學	台大圖書館技士
5	高　文		66	男	大學	臺灣科技大學助理技術師
6	林　儒	宏儒	74	男	碩士	新北市政府財政局科員
7	何　諭	Johnnie	68	男	博士	臺大計中幹事
8	余　翰	承翰	56	男	碩士	師範大學技士
9	楊　諺	棒棒	73	男	碩士	台科大研究助理
10	徐　洋	萬萬	74	男	碩士	台師大系統工程員
11	郭　家	郭胖	72	男	大學	台大事務員
12	黃　霖	Allen	74	男	博士	台大博士後研究員
13	楊　儒	LemonYang	77	男	大學	台灣大哥大資深工程師
14	劉　維		66	男	大學	台灣大學幹事
15	謝　偉		65	男	博士	台科大副教授
16	徐　祥	小藍	69	男	大學	台灣大學幹事
17	鄧　元	隨和	74	男	大學	調查局調查官
18	莊　政	阿政	62	男	碩士	台大班長
19	蘇　瑋	李蔡	73	男	碩士	台灣大學幹事
20	黃　益	偉益	70	男	大學	北觀處推廣師
21	陳　通	阿通	74	男	碩士	台灣大學幹事

年整理成一篇文章，近期會議報告，也當大會的主席報告。詳見第三篇專文，〈感恩與前膽，第十一屆理監事提名說明〉。

△十月三日　星期一午　陸官四十四期微型同學會

在三軍軍官俱樂部文華　，這回到的人有：我、高立興、童榮南、林鐵基、盧志德、金克強、曹茂林、郭龍春、虞義輝、張國英、路復國、桑鴻文、陳方烈、李台然、共十四人，真快！滿十四年了。

△十月七日　星期五　台獨份子毀了台灣所有尊嚴

台獨份子毀了台灣一切尊嚴，他們有什麼資格談元首尊嚴？他們把馬英九罵成豬狗怎不說「尊嚴」？他們說藍營豬

期待元首尊嚴復活的一天

人間福報 2016.10.7. 11版

日前網路流傳一張合成照，照片中馬英九和蔡英文相擁，一臉甜蜜。這張照片激怒了綠營民代，痛斥這是「傷害國家元首尊嚴」的事情。

「元首尊嚴」，確實是個嚴肅的題目。其實這張擁抱合成照，藍綠領袖都「入鏡」，幽默成分遠大於嘲諷，也有網友解讀，這是對「藍綠和解」的期待。但真要上綱成「傷害國家元首尊嚴」？我反倒會覺得感慨，不過五個月前，馬英九前總統還在任時，網路上多少以極其汙穢、難堪的噁圖、醜圖，去羞辱馬英九，甚至馬英九的父親與母親！但那時，卻好像沒聽多少人提所謂的「國家元首尊嚴」！

真要論「傷害國家元首尊嚴」，綠營在野時，何嘗落於人後？就連過去比較被視為溫和理性的蔡英文。在二〇一二年，綠營撲天蓋地發動嗆馬，嗆馬團體甚至丟鞋羞辱馬英九，蔡英文還親自採訪嗆馬團體加油打氣，說：「馬英九在要求別人包容時，自己應更懂得包容，畢竟他是國家領導人。」

而其他的綠營政治人物，羞辱馬英九的事蹟，就更是多不勝數了。以最惡名昭彰的「死亡之握」為例，許多綠營民代即樂此不疲地用「死亡之握」，去消費、攻擊馬英九。不要說「國家元首尊嚴」了，甚至連對往生者的同理心都沒有。

台灣這些「獨猪」有什麼資格談元首尊嚴?!?

狗，我便說蔡小英是妓女，他們不罵，我亦不罵，這才公平。

△十月十三日　星期四

像陳菊、蔡英文這些女人，在我心中全是漢奸。但師父他老人家讚美她們，是媽祖婆、觀世音菩薩，這到底怎麼一回事？師父也致力於中國統一。這是宗教家的心胸嗎？不以二分法看世界，或將「人」和「事」區分處理。

△十月二十日　星期四

本週在賴上回朋友的詩

⬆高雄市長陳菊，蒞臨二〇一六國際佛光會世界會員代表大會開幕，向星雲大師握手致意。

贈范楊松詩

梁武施笠管山河，我施一笠有酒喝。
楊松有笠護山頭，再創大業人生樂。

贈蘭觀生詩

蘭品生來就是好，觀自在永遠不老。
人我關係都是緣，生命珍惜魚水少。
蘭兄一飽全家飽，自由自在真是好，
有何大業盡快搞，真有知音千年少。

蘭觀生回贈一詩

福成賢弟才八斗，為文速度世少有。
著作比美海明威，來日必有大成就。

贈彭正雄詩

彭公不老叫阿公，年紀不大到處鬆。
苦幹實幹五十年，大膽西進欠東風。

△十月二十三日　星期日　三校辦未婚聯誼

今天三校辦未婚聯誼，資料見九月二十七日所記，參加人均同。

我主要節目是吉他彈唱情歌，操作氣氛。今天彈唱〈午夜香吻〉、〈夕陽西沉〉、〈何年何月再相逢〉……也唱了洋歌，大家嗨翻天了！

△十月二十五日 星期二 會員大會籌備會兼理監事會

四年的台大理事長，慢慢到了尾聲，十二月的會員大會主持完，算是放下一個重擔。雖說只是聯誼會，但因是台大「教職員工文康活動委員會」正式組織之一員，身為理事長還是得配合學校一些政策。

今天的籌備會，主要針對年底大會的分工準備。最重要是要重選第十一屆理監事，再由新理監事選出新理事長和監事長。

（今天到會如後簽到）

台大退聯會第十屆第9次理監事會議暨會員大會籌備會

簽到表 105.10.25

編號	職稱	姓名	簽到
348	理事長	陳福成	陳福成
548	副理事長	何憲武	何憲武
026	理事	陳美枝	陳美枝
036	理事	鄭大平	鄭大平
144	理事	王本源	
459	理事兼秘書組長	劉鵬佛	劉鵬佛
464	理事	吳元俊	吳元俊
580	理事兼資訊組長	黃存仁	
600	理事兼福利組長	丁一倪	
604	理事兼會計組長	林映月	林映月
613	理事兼E化組長	杜雅慧	杜雅慧
640	理事	陶錫珍	
663	理事兼會員組長	陳志恒	陳志恒
673	理事兼文康及活動組長	許秀錦	許秀錦
701	理事兼總務組長	林意婷	林意婷
176	監事主席	方祖達	方祖達
339	監事	楊建澤	楊建澤
590	監事	梁乃匡	
662	監事	高閩生	高閩生
678	監事	邱淑美	邱淑美
672	秘書組副組長	陳昌栴	陳昌栴

△十一月二十八日　星期五　馬雲說

馬雲最動聽的一句名言是「廿一世紀全球將被中國化」，這給所有期待「廿一世界是中國人的世紀」的人，極大鼓舞。習近平同志的「中國夢」，從現在中國大陸的大戰略建設看，此夢不遠了，最近馬雲又說話了。他這段話對人很有啟示性。

水不動就是死水、人不動就是廢物。」所以，他勉大家：「關係靠走動、團隊靠活動、客戶靠感動、資金靠流動、生命靠運動、成功靠行動。」想必，要有點成就，當如是。

△十一月三日　星期四　值班聽笑話。中國文學好真

今天在值班室值班，王教授也來聊天，他講一「文學笑話」，超有水準，特請他寫下給我，與讀者共享。這種中國文學，老外一輩子也學不懂：

一大學教授結婚，各系為祝賀禧氣以「結婚對聯」為題，各系寫好送去給教授。

中文系：

上聯：新人新牀新被褥共享新歡

下聯：好疼好癢好舒服同幹好事

橫批：夾道歡迎

數學系：

上聯：開括號解平方只為求根

下聯：插直線穿圓心直達終點

橫批：零大於一

歷史系：

上聯：夜襲珍珠港美人受驚

下聯：登入諾漫地雄風力拼

橫批：先後投降

最後中醫系：

上聯：龍骨一根退燒止癢生津

下聯：陳皮二片消腫化痰解渴

橫批：一日見效、三日斷根

△十一月八日　星期二　第十屆理監事畢業同樂會

本屆理監事、後補二十餘人，畢業同樂會是一年前我提議，任務告一段落，雖理監事大多會連任，也辦個同樂會，慰勞自己。我們比照「千歲晏模式」，在文康室High了一天。（同樂會照片見書前）

△十一月十六日　星期三　參加教聯　職聯幹部會餐

台大的職工會陣容大，教聯會則弱（以前也頗有聲勢），可能沒有外力打壓的關係，可見世事很詭異。今晚二十餘幹部在峨嵋川菜會餐（校門口外），共同討論三會（教聯、職聯、退聯）明年要共同舉辦的活動。

△十一月十八日　星期五　校慶晚會　本會獲獎

今天是校慶晚會，我們「退聯會」，是「台灣大學教職員工文康活動委員會」下屬三十八個社團之一，現任主委是電機系江簡富教授。每年這個盛會各社團都有節目表演，同時頒「績優社團獎」，今年本會也得績優獎。（頒獎照片見書前）

△十一月二十二日　星期二　會員大會資料截稿

為積極準備下個月的會員大會，也要選出第十一屆理監事，選票、手冊今天就要定稿，沒問題就要送印。各組長都來辦公室忙，今年因第一會議室整修，改在一〇一演講廳多了一些手續。

△十一月二十九日　星期二　會員大會最後準備

今天是會員大會各項工作最後完成日，手冊印好，選票檢查分裝，場地電腦螢幕設施，餐飲細節，會議經過時間分配，主秘代表校長致詞，大家都在辦公室忙。

△十二月三日　星期六　天氣好　退聯會年度大會

每年這個大會參加會員大約是一百五十人左右，時間上午八點半開始報到，九時開始，下午一時結束，每年流程已成模式，工作人員也很老練。

主秘林達德教授代表校長致詞後，我的一篇〈主席報告〉（見第三篇），方祖達教授的演講〈人老了總會走，你想怎樣走法？〉，接著各組長業務報告（按秘書、會員、文康、活動、總務、會計、資訊、e化、福利、關懷等十組順序）。

這次會員大會另一要項是選舉第十一屆理監事，按本會《組織章程》第六條規定，凡退職理事長均聘為名譽理事長，所以我不打算再爭取理監提名。大會順利選出理監事名單如下，提名全當選。

理事：吳元俊、陳美枝、鄭大平、王本源、劉鵬佛、何憲武、黃存仁、丁一倪、林映月、陶錫珍、陳志恒、許秀錦、林意婷、江文章、史娟娟。候補理事陳昌栮。（註：約一週後，黃存仁以自己公司臨時有事，請辭理事，陳昌栮補正式理事位。）

監事：方祖達、楊建澤、梁乃匡、高閫生、邱淑美。

△十二月十二日　星期一　好天氣　華國緣好友餐會

定名為「華國緣」的一群朋友，今午在華國飯店餐敘。十多銀髮好友 High 翻天，到有：陳淑貞、林素銀、台客、關麗蘇、陳美枝、楊長基、馬鳳姿、彭正雄、蘭觀生、趙叔鑑、吳信義、俊歌和我。（大合照見書前）

△十二月十三日 星期二 第十一屆新理事長選舉

第十一屆理監事今天上午十時，在校本部第四會議室集合，算是第一次理監事會。主要任務選理事長和監事主席。程序由我主持先選出監事主席，順利方祖達教授當選監事主席。會議改由方教授主持，最後投標結果，吳元俊當選理事長，何憲武教授擔任副理事長。

台大退聯會第十一屆第1次理監事會議 簽到表 105.12.13

編號	職稱	姓名	簽到
348	第十屆理事長	陳福成	陳福成
026	理事	陳美枝	陳美枝
036	理事	鄭大平	鄭大平
144	理事	王本源	王本源
459	理事兼秘書組長	劉鵬佛	劉鵬佛
464	理事	吳元俊	吳元俊
548	理事	何憲武	何憲武
580	理事兼資訊組長	黃存仁	（請假）辭職
600	理事兼福利組長	丁一倪	丁一倪
604	理事兼會計組長	林映月	林映月
640	理事	陶錫珍	
663	理事兼會員組長	陳志恒	陳志恒
673	理事兼文康及活動組長	許秀錦	許秀錦
701	理事兼總務組長	林意婷	林意婷
723	理事	江文章	（請假）
766	理事兼E化組長	史娟娟	史娟娟
176	監事	方祖達	方祖達
339	監事	楊建澤	楊建澤
590	監事	梁乃匡	（請假）
662	監事	高閩生	高閩生
678	監事	邱淑美	邱淑美
672	候補理事兼秘書組副組長	陳昌栩	陳昌栩

△十二月十六日　星期五　秘書室志工會餐

中午在海霸王會餐，都是退休人員，才有這美國時間。到有莊慧喬、俊歌、郭正鴻、簡碧惠、陳蓓蒂、朱堂生、楊長基、許文俊、郭耀東、吳信義和陳福成。

△十二月二十日　星期二　準備理事長移交

今天開始準備移交工作，會計林映月、總務林意婷準備移交清冊，不少資料、檔案要交給下任理事長。下週二上午正式移交。

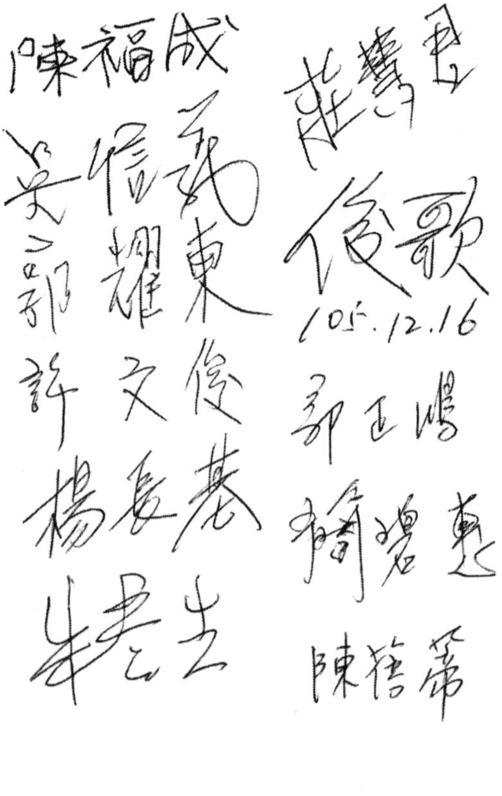

△十二月二十一日　星期三　參加反核災食品進口

今天我和俊歌，一起參加在「台大校友會館」的反核災食品進口連署，胡志強和郝龍斌都有書面講話（引部份如下）。我則認為蔡英文這妖女，是台灣的災難，中華民族的敗家女，一定要把她轟下台。

反對日本核災區食品進口—全民公投連署

（記者會參考資料）

時　間：中華民國十二月二十一日（星期三）上午10:00

地　點：台大校友聯誼社（台北市濟南路一段2之1號3樓）

主持人：胡志強總會長

貴　賓：郝龍斌副主席

二〇一三年三月日本大地震引爆核災後，我國隨即對核災區（福島、群馬、櫪本、茨城、千葉）的食品停止進口。二〇一五年二月發生核災區食品"偽標"方式進口，當時在野的民進黨提案，要求政府規定：「不許災區食品進口，其他地區食品進口必須附產地證明及輻射檢測證明」。二〇一六年五月二十日民進黨執政後，竟提出「核災食品解禁方案」，而且正在加速進行開放日本核災區食品進口說明會及公聽會？！

當政府擬開放日本核災區食品進口，匆促地舉辦說明會，引起社會普遍的強烈反彈，這是攸關全民健康的公共議題，以及攸關全民食品安全的議題，無關政黨，無關藍綠，全民共同反對日本核災區食品進口，堅持人類的健康福祉，日本人不吃的食品，我們也不吃，請大家勇敢說「不」，勇敢站出來，全民公投連署，遏阻政府為所欲為，確保全民健康與福祉。

過去，民進黨總告訴人民『核災的後果非常慘重』，是台灣無法承受，所以台灣必須要走向非核家園；但為何今天卻反而要去進口核災地區的食品呢？這些自相矛盾的言行，實在很難說服國人。

我相信有很多好朋友跟志強一樣，也不希望日本核災食品會進入台灣，其中有位我們共同的好朋友，因為是食安專家，所以反對立場最為嚴正，那就是郝龍斌。為了阻擋核災地區食區進口，郝龍斌正在發起日本核災地區食品進入台灣的公投提案行動；要跟各位好朋友報告．志強很支持這個行動策略，應該由人民來決定要不要核災區食品。

公教軍警聯合總會的好朋友們，為了我們自己的健康安全，為了我們的孩子健康安全，志強很希望大家一起來支持這個行動，參與連署成為公投提案人。志強同意龍斌兄的一句話：『現在公投不是選項之一，而是唯一選項』。謝謝大家！

祝平安

全國公教軍警暨退休人員連會總會
總會長　胡志強敬上
一〇五年十二月十三日

△十二月二十七日　星期二　理事長交接茶會

今天我格外輕鬆，當了四年（二任）理事長，雖說退休人員團體，卻是台灣大學的正式組織，文康會下教職員工的重要社團，也是台大對退休人員的唯一窗口。學校提供辦公場地、經費，也是有點壓力。

上午十點半交接，監事主席監交，多位理監事觀禮。（照片見書前）

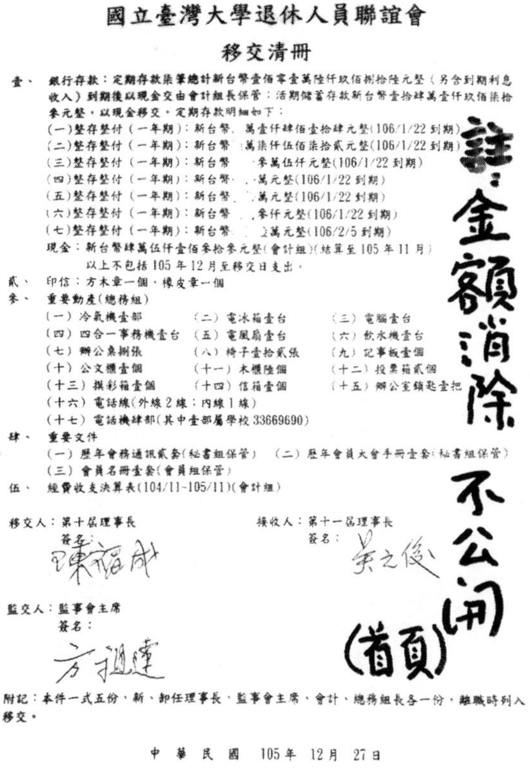

國立臺灣大學退休人員聯誼會

移交清冊

壹、　銀行存款：定期存款柒筆總計新台幣壹佰零壹萬陸仟玖佰捌拾陸元整（另含到期利息收入）到期後以現金交由會計組長保管；活期儲蓄存款新台幣壹拾肆萬壹仟玖佰柒拾參元整，以現金移交。定期存款明細如下：
(一)整存整付（一年期）：新台幣　萬壹仟肆佰壹拾肆元整(106/1/22 到期)
(二)整存整付（一年期）：新台幣　萬柒仟伍佰柒拾貳元整(106/1/22 到期)
(三)整存整付（一年期）：新台幣　參萬伍仟元整(106/1/22 到期)
(四)整存整付（一年期）：新台幣　萬元整(106/1/22 到期)
(五)整存整付（一年期）：新台幣　萬元整(106/1/22 到期)
(六)整存整付（一年期）：新台幣　參仟元整(106/1/22 到期)
(七)整存整付（一年期）：新台幣　萬元整(106/2/5 到期)
現金：新台幣肆萬伍仟壹佰參拾參元整(會計組)(結算至 105 年 11 月)
以上不包括 105 年 12 月至移交日支出。
貳、　印信：方木章一個，橡皮章一個
參、　重要動產(總務組)
(一) 冷氣機壹部　(二) 電冰箱壹台　(三) 電腦壹台
(四) 四合一事務機壹台　(五) 電風扇壹台　(六) 飲水機壹台
(七) 辦公桌捌張　(八) 椅子壹拾貳張　(九) 記事板壹個
(十) 公文櫃壹個　(十一) 木櫃陸個　(十二) 投票箱貳個
(十三) 摸彩箱壹個　(十四) 信箱壹個　(十五) 辦公室鎖匙壹把
(十六) 電話線(外線 2 線；內線 1 線)
(十七) 電話機肆部(其中壹部屬學校 33669690)
肆、　重要文件
(一) 歷年會務通訊貳套(秘書組保管)　(二) 歷年會員大會手冊壹套(秘書組保管)
(三) 會員名冊壹套(會員組保管)
伍、　經費收支決算表(104/11~105/11)(會計組)

移交人：第十屆理事長
簽名：

接收人：第十一屆理事長
簽名：

監交人：監事會主席
簽名：

附記：本件一式五份，新、卸任理事長、監事會主席、會計、總務組長各一份，離職時列入移交。

中華民國　105 年　12 月　27 日

△十二月三十日　星期五　天氣好　世界十大珍寶

再一天，二〇一六年又走了，一年年過，碰到的老友都說「好可怕」，時間走的這麼快，年輕到老如成語說的「白駒過隙」。打拼了一輩子，到底得了啥！

宋德才（值班室有）e來一段話，讓人意外、驚奇！原來如此。《華盛頓郵報》調查，世界十大最有價值的珍寶，竟不是土地豪宅，不是權力大位，不是鑽石瑪瑙，不是任何金銀財寶，而是㈠生命的覺醒和開悟。㈡一顆自由喜悅充滿愛的心。㈢走遍天下的氣魄。㈣回歸自然。㈤安穩平和的睡眠。㈥享受屬於自己的空間和時間。㈦彼此深愛的靈魂伴侶。㈧任何時候都有真正懂你的人。㈨身體健康和內心富足。㈩感染並點燃他人的希望。

檢視我自己，以上十珍寶，我可能「接近有」的，大概是㈣㈤㈥㈨較有信心。按我在台大這四年理事長的歷練，第㈩也有些信心，㈦㈧都可遇不可求，㈠則難說，㈡則不易。例如，傷害過我的人，很難完全「放下」，最近「梁又平事件」爆光，虞義輝要居中協調和解，我也不想一直掛在心上，能放下我會放下。

第三篇

專 文

第一章 按此模式向前走

——臺大退聯會第十屆理監事會經營方向思索

當和尚就要敲鐘，坐了「長字輩」的位置，就得下「決心」、做些「領導」工作，好像已成古今之定規。再加上自己當了一輩子公務員，主官（管）或參謀職也歷練了很長時間，養成一種坐上任何「位子」就思考角色的習慣，當然還是自己的習性、個性使然。

二○一三年元月，當理監事會通過要我接本會理事長，我雖百般不願，但理監事同仁的盛情讓我推不掉，也不能推掉這份友誼。當下，我向理監事報告，「這兩年我視為天命承擔」。從那時開始，我便在思考，到底要如何經營或帶領「台灣大學退休人員聯誼會」，這是一塊很大、很重、知名的招牌，前面歷任理事長打下很好的基礎，我要以何種「哲學」模式，順利完成我的第九屆理事長任務？如何不負這群台大朋友重託？

第九屆理事長責任也大致在「無評議」中完成（大家都叫好），其實這兩年我始終以摸索、試探、實驗的心態在經營本會，我尋較佳的工作方法，研究如何辦活動才能使大家快樂，研究本會例行會務可以有效推展。總在思索這些問題，舊的問題沒完又來新問題，新問題是第十屆理監事會又選我當理事長，等於是連任理事長。

面對未來有新的兩年，我和辦公室同仁都有一個共同的感覺，就是我在第一任的兩年已摸索了差不多了。大家推展會務已摸出「模式」，我的經營哲學（方式）大家大致可以理解。因此，我把未來兩年辦公室同仁的經營哲學，進一步明確化，相信對把「退聯會」經營好，必然更方便，更有利於溝通和推動會務。

壹、志工和快樂，聯誼會的屬性

我兩年前接本會理事長，第一天就在思考「聯誼會」的屬性，何謂「聯誼」？內涵為何？幾個月後我有了答案，是「健康、快樂」。各種活動必須是健康、安全的，身心快樂是重要的內涵。再推而廣之，辦公室工作人員不管推展任何活動，應該是快樂的，凡給人帶來不快樂或自己感覺不快樂的事，不為也！

辦公室工作人員都是志工，志工應是自願的、快樂的。若做的很勉強、不快樂，應該考慮調整。因為自己不快樂，如何能為會員帶來快樂？志工精神也是尊貴的。

貳、做一分是圓滿、做十分亦圓滿

每位志工可以投入的時間都不同，秘書長劉鵬佛博士常對我說：「抱歉，新同盟會很忙，又要上課，會裡的事常沒做好！」

我最常回答的話是，「大家都是做志工，你做一分在我心中就是圓滿的，做十分也是圓滿的，做得快樂最重要。」我也以這樣的話向其他組長說過。基本上，我認為志工精神都是值得敬重的，因為未拿一文錢，而是出於自願的服務。他工作一小時和十小時，都同樣可貴。

參、內部和諧重於成果和績效

辦公室的任務編組是根據《組織章程》的規定，為執行本會各項會務，如長久成為慣例的慶生會或旅遊等活動。但辦活動學問很大，可以「小貓兩三隻」也是辦了，可以轟轟烈烈的大辦一場也是辦。在第一任的兩年中，我一直在「摸索」，終於摸出了模式，活動要辦得熱鬧才能得到會員的讚嘆！大型活動要辦公室全體動員才行，這時和諧最重要。要和諧就要有共識，有共識大家才會願意投入，這是我前面兩年從「千歲宴」等看出來的。所以，在未來的兩年，我仍以確保內部和諧為前提，成果和績效次之。畢竟，「聯誼」的內涵應是快樂和諧的，若使快樂和諧有了傷害，便失聯誼之本旨。若過於追求成果、績效，亦有失聯誼之意。

肆、明白、清楚、公開，沒有「禁區」

自從我年輕時代開始當個芝麻綠豆大的官，就開始有凡事「說明白講清楚」的習慣，至今如是。在我第一任剛接理事長時，我也以這樣的話和各組長共勉。

在本會會務範圍內，凡是公務，任何事都可以公開、透明，可以討論或辯論，沒有不能公開的事（個人私事不談）。是故，在本會各項會務中，尤其辦公室的「常住」之間，沒有雷區、沒有禁區，沒有秘密，沒有什麼不能公開的事。

伍、大家一起玩玩，不要太嚴肅

聯誼會的屬性也是一種玩樂團體，我們所有的活動，無關國家發展、無關台海安全、無關那一黨派成敗、無關學校爭取世界百大。是故，我們不須太嚴肅、太認真，不須為某事未達成、未執行，而吹鬍子瞪眼睛，而相互爭執得不愉快，那是不值得的。

「玩」字哲學也希望大家放輕鬆，不要有壓力，退休人員組成的聯誼會，本來就是玩樂團體。大家一起玩玩，是難得的緣份，玩的快樂、健康最重要，大家快樂玩、快樂的夯！

陸、《組織章程》是我們的根本大法

「國有國法、家有家規」，可以確保家和國二者在安全、理性的有序範圍內運作。現代民主社會因不正常的發展，導至家和國都亂了套，成了「人人自危」的社會。大環境如此的不安不利，我們期待在退聯會這個小環境內能經營出相對溫馨的小團體，並能提高會員的「幸福指數」，且可長可久！

是故，在第一任的兩年中，辦公室討論會務推展的工作分配，常有組長問「這事誰做？」我都強調按《組織章程》原則辦理。這不僅維持有序運作，也是減少爭議的辦法，未來兩年我仍強調這種「依法行政」的原則。

柒、經常性工作定期、規格化，並研究改良、創新

本會會務職掌目前區分十個組長所納涵，經常性工作如開理監事、發行《會訊》、辦慶生會、評古說今座談會，及配合學校、各社團各項活動，參與校際學術交流聯誼等。經兩年和各組長的摸索、研究改良，把經常性工作中可以定期、規格化部份，如慶生會、會訊、評古說今，都定期、規格化，並豐富其內涵。未來兩年也希望大家再創新改良，把活動辦得更好。

關於「定期工作管制表」（如後），也是經過一年多的思考、研究，才發覺這樣做對大家、本會最好、最方面。於是約集辦公室五要角（秘書長鵬佛、活動組秀錦、e化組雅慧、會員組志恒、會計組明珠）討論，大家經過幾次會議才終於定案，這也是本會年度內部份可先確定的行事曆。（刊《會訊》六十六期，二〇一五年二月）

2015年臺灣大學退休人員聯誼會定期工作管制表 P1 2015.01.22製表

月	日	星期	工作項目	備註
1	8	四	合唱團練唱	
	22	四	合唱團練唱	
2	3	二	66期會訊截稿	
	5	四	合唱團練唱	
	10	二	66期會訊出刊	
	11	三	國內一日遊	黃金博物館、十分瀑布
	26	四	合唱團練唱	
3				
	10	二	卸任主管及退休人員茶會	人事室辦理，14:00，理事長及會員組長參
	12	四	合唱團練唱	
	17	二	理監事會議及評古說今座談會	
	26	四	合唱團練唱	邱淑美老師請假，星聚點歡唱
4				
	9	四	合唱團練唱	邱淑美老師請假，僅複習舊歌
	21	二	擴大慶生會；67期會訊截稿	
	23	四	合唱團練唱	
	28	二	67期會訊出刊	
	29	三	國內一日遊	
5	5	二	文康活動委員會成果報告截稿	書面給理事長，電子檔email給雅慧
	7	四	合唱團練唱	
	12	二	歷屆理監事及組長回家	
	14	四	5/14-18國外五日遊	日本黑部立山
	21	四	合唱團練唱	
	26	二	呈報文康活動委員會成果報告	
6	2	二	理監事會議及評古說今座談會	
	4	四	合唱團練唱	
	10	三	6/10-11國內二日遊	暫訂台南奇美博物館
	16	二	台大退休人員迎新會	
	18	四	合唱團練唱	
7	2	四	合唱團練唱	
	16	四	合唱團練唱	
	21	二	68期會訊截稿	
	28	二	68期會訊出刊	

2015年臺灣大學退休人員聯誼會定期工作管制表 2015.01.22製表 P2

月	日	星期	工作項目	備註
8	6	四	合唱團練唱	
	11	二	擴大慶生會	
	18	二	8/18-9/15之間，國外15日遊	北歐五國，向秀錦報名
	20	四	合唱團練唱	
9	3	四	合唱團練唱	
	未定	二	卸任主管及退休人員茶會	人事室辦理，14:00，理事長及會員組長參
	15	二	理監事會議及評古說今座談會	
	17	四	合唱團練唱	
	23	三	國內一日遊	
10	1	四	合唱團練唱	
	6	二	69期會訊截稿	
	13	二	69期會訊出刊	
	15	四	合唱團練唱	
	21	三	10/21-22國內二日遊	暫訂杉林溪
	27	二	理監事會議及會員大會籌備會	
11	5	四	合唱團練唱	
	未定		校慶活動表演	
	17	二	會員大會手冊截稿	
	19	四	合唱團練唱	
	21	六	11/21-22全校運動會	新學期行事曆尚未確定
	24	二	會員大會手冊印製完成，裝袋	裝袋之各項資料包含：餐券、會員大會手
12	1	二	會員大會	
	3	四	合唱團練唱	
	17	四	合唱團練唱	
	29	二	年底業務總檢討	

其他注意事項：

一、 關懷、福利不列入定期工作，國內外旅遊按往例，都儘可能公告，讓最多會員知道。

二、 以退聯會為主體的國內旅遊約每年七次，其他再和別的社團合辦。

三、 兩次擴大慶生會採千歲宴的方式辦理。

四、 計劃年內辦理2個大型活動「迎新會」及「應屆理監事、組長回家」，以千歲宴方式辦理，邀教聯、職工會一起熱鬧。

五、 配合學校政策、各社團合辦的活動，均未列本管制表。

六、 本表另給職工、教聯兩會理事長，用為配合參考。

七、 四次在文康室的大型活動日期，請秀錦向華洲兄預訂。

八、 理監事會議日期請秘書組組長預訂。

第二章　臺灣大學退休人員聯誼會二〇一五

春節祭祖說明案

說起我要在臺大辦祭祖，一定有人笑彎了腰，都什麼年代了，還祭什麼祖？放眼台灣社會各界，大概只剩同鄉會在祭祖。（但我知道，天帝教每年都盛大辦祭祖，詳見于所著《天帝教的中華文化意涵》一書〈文史哲出版〉。此外，皆已聞所未聞。

回想幾十年前，大約我幹野戰部隊連長到營長時代，民國六十七年七十九年間，那時各單位、各界，都在春節團拜有「祭祖」儀式。場面也嚴肅，大家向「中華民族列祖列宗之神位」禮拜致敬，主祭者（通常單位主官管）講述祖先的豐功偉業，闡揚祭祖的的意義等。那時，人民的心有所歸屬，大家知道「我是誰？」沒有爭議、分裂，對「我是炎黃子孫」有很高共識。

曾幾何時?李登輝、陳水扁等台獨份子，竟高舉「我不是中國人、不是炎黃子孫、李白杜甫是外國人、孫中山也是外國人、國民黨是外來政權……」如此惡整了三十年，透過教科書的「毒化、去中國化」。如今，台灣社會好像得了「集體精神分裂症」，血液中都流著炎黃的血統，有幾人敢當眾說「我是中國人、我是炎黃子孫」??這恐怕比登喜馬拉雅山存在更多風險!說來也是可憐!可悲!

但我相信「中國歷史自有他的方向」，何況台灣本身有其不可爭脫的命運枷鎖（地緣戰略），這是千年無解的命題。于深知之，也不可能因一介草民的做為而改變，所能為者，乃以理事長之名器，在本會做一項創舉、一種示範，期望有意義、有價值的作為，如此而已。是故，今年決意進行「祭祖」，除了試試會員的反應，我有三個「喚醒」。

第一個「喚醒」，喚醒回憶：往昔，吾等曾經參加過若干祭祖，聽聞祭祖的意義、價值。而今吾人忘得一乾二淨，連回憶也沒了，吾等應該醒醒，重新思考自己「來自何處?」再問問自己「我是誰?」「血液中可是流著炎黃的血?」

第二個「喚醒」，喚醒這項活動的意義：大凡一個組織、團體、活動等，之所以打烊了，可能是失去存在的意義、功能或價值。例如，軍訓教官這種制度之成為「夕陽工業」，大概就是被廿一世紀汱除掉。〈詳見于所著《臺大教官興衰錄》一書，文史哲出版社〉。但「祭祖」是嗎？難到時代進步就不要祖宗嗎？人只須要「現在」和「未來」，不須要過去的祖宗八代嗎？顯然不是。時代愈是進步，我們愈須要列祖列宗，心靈才不會感到孤寂，過去↓現在↓未來，不應該有「斷層」，才更能彰顯人生的意義和價值。因此，祭祖活動不能打烊，各界應該正視每年在適當時機〈如清明、春節〉，恢復祭祖活動。

第三個「喚醒」，喚醒那些不承認自己是中國人、不承認自己是炎黃子孫的人。在兩蔣時代沒這問題，到李扁才有這問題，明顯是台獨「政治洗腦」的結果，因政治意識破壞了文化、血緣關係，才會講出「李白杜甫都是外國人」；一批深綠者（如游錫堃）還說「中國豬滾回去」，他沒想到自己的祖先正是中國豬，他還派他親哥哥代表他到大陸原鄉祭祖，他何苦呢？何苦去祭他的「中國豬祖先」？凡此，春秋之筆不僅要嚴厲批判、駁正，更要喚醒這批人，如現在「太陽花」這批，喚醒他們，勿受政治意識影響，祖宗歸祖宗，政治歸政治。

吾國自古以來，分久必合，合久必分，此乃自然界的「物理法則」，也是「自然法則」，于不足為憂，那些分裂時代，各方仍以「中國人」自居，故能再統一。但如今之台獨如同「異形」之可怕，否認自己的民族文化，更否定自己的血緣關係，此才足以為憂。

除了三個喚醒，也是本會試辦，試試會員的反應，若覺很好，計畫明年把祭祖、團拜、會餐合辦。現在我先丟出一個議題，給大家思考。

為祭祖，寫好「神位牌」和〈祭文〉如後。神位除中華民族列祖神宗，也應彰顯「臺大退聯會」的個別性，故從民國八十六年開始的第一屆理監事，到現在第十屆理監事組長，按出現之姓氏順序排列下來，也算是全體會員代表（若明年辦應包涵所有會員的姓）

據方教授說，今天祭祖是退聯會的創舉，以往未曾有過。希望未來成為退聯會的「固定活動」，每年按時舉辦，還是可以彰顯深意。

中華民族列祖列宗

宣彭李萬郭曾
董張歐陽羅周蔣
鄧高范徐康蕭
翁朱茅何陳錢鄭
劉吳黃丁杜許路
王謝林閻呂沙楊
方陶梁夏車
千家萬家等

之神位

2015.02.13

臺灣大學退休人員聯誼會2015春節祭祖告文

2015.02.13

維

公元二〇一五年(民104)二月十三日吉時臺大退休联會第10屆理

監事暨會員代表在校本部辦公室祭拜我列宗

列祖。我炎黃子孫自三皇五帝立基拓土。歷

唐堯虞舜夏商周秦漢三國兩晉南北朝 隋唐

五代宋元明清中華民國中華人民共和國中國

緬懷先祖德澤功業。謹以果醴茶點之儀，致祭

於列祖列宗之堂前曰：

列祖列宗 勳功卓越 開宗始祖 拓疆建業

佈遷神州 孔孟李杜 聖賢豪傑 立言立德 代代傳承

至今兩岸 共謀和平 永無戰火 國泰民安

恭維我祖 繼志不忘 謹陳果醴

來格來嘗

謹告

第三章　秘書室志工餐會感言

記不清在台大秘書室聯合服務中心當志工多久了！大約是民國八十八年二月退休後不久，被俊歌邀來的。每週兩小時或更少，說真的，日子好過呀！每年杜鵑花節、校慶或畢業季，在校門口「坐台」幾回，那些青春的笑聲，小朋友可愛的稚氣……。

你知道嗎？那是最佳的「回春補品」，銀子買不到的。退休的銀髮兄姊們！你不相信嗎？下回有「坐台」的機會快登記，你定能浸潤在校門口「回春補品」的情境中。如此，涵育薰陶，青春又來找你了！

就這樣，志工一個輪一個，你下班，我上班，大家難得碰一面，日復一日，志工們的名字和長像總在鬧分離主義。難得在講習看到，數月後又忘了。所以，隊長俊歌和信義師兄提過多次要辦個餐會，大家見見面，只是諸君「日理萬機」，乃由我來促成。

經過幾個禮拜的公告、登記，玟好也幫忙連繫，事情真的也辦成了。《金剛經》說的沒錯，「萬法唯心」，把那些曾經青春的心又找回來，感覺好極了！

二〇一四年十二月十六日，星期二，在鹿鳴堂熱熱鬧鬧的席開兩大桌。一開始，當連絡人的我把召集情形、收支報告後，逐一念出大家的名字，讓所有人看清「廬山真面目」；否則每回看到他或她，總是「橫看成嶺側成峯，遠近高低各不同」。

叢曼如、孫茂鈴、郭麗英、朱堂生、吳元俊、吳信義、孫洪法、鄭美娟、簡碧惠、王淑孟、楊長基、宋德才、陳蓓蒂、許詠婕、郭正鴻、陳美玉、王來伴、蘇克特、許文俊及筆者。他們，曾經是教授、主任、院長、組長、老師、各種行政工作者、各行業主管、革命軍人……如今那些名銜已不住於心，胸懷晴空，萬里無雲，乃能自在的揮灑他的笑容。

今天的來賓是秘書室的林玟好小姐，淇惠請產假沒來。大家決議，餐後隊長俊歌、叢曼如等多位，代表大家去看她，送上一份小禮，買隻老母鷄，給他煮麻油鷄，進補！感謝她解決了「中華民國的人口問題」。

今天另有一項決議，以後每年聚餐兩次。大家也覺得鹿鳴宴的菜，又貴又差，服務態度也不好，對於「台大人」的認證，過於嚴苛，形同「故意」拒絕你提出的所有證件。經一陣「折衝樽俎」，才免除那一成折扣。這是第一次辦餐會，以就近方便為原則。

第二次楊哥（長基）提議到海霸王，以比鹿鳴堂少的經費（五五〇〇元），料理比鹿鳴堂好又多一半以上，帝王蝌和臉盆一樣大，吃得爽快極了。期待下一次聚會，二〇一五年五、六月間。

臺大秘書室志工有四十五人，今天到二十人。為鼓舞下回有更多參加志工，同行「尋回青春之旅」，特寫本文。（臺大秘書室志工、台北公館蟾蜍山萬盛草堂主人　陳福成誌於二〇一四年十二月十六日餐會後）

第四章 籌辦「歷屆理監事、組長回娘家同樂會」計畫案說明

報告時間：二〇一五年三月十七日理監事會
報告地點：臺大校本部第四會議室
同樂會舉辦時間：五月十二日（二）上午

壹、為什麼要辦這項活動？

臺灣大學退休人員聯誼會（簡稱本會或退聯會），於民國八十五年十二月二十八日，由本校退休軍訓室總教官宣家驊將軍、園藝系退休教授方祖達、鍾鼎文理事等先進，在本校校本部第一會議室誕生，核備在案，成為本校「文康活動委員會」下轄數十社團之一。第一屆理事長宣將軍於次年（民八十六）元月一日就任，副理事長是彭振剛教授（主秘退、已往生），到現在已是第十屆，弟於民國一〇二年元月一日接任第九屆理事長，

一〇四年元月再連任。

本會之能代代傳承至今，是歷屆理事長、副理事長、辦公室各組長，長期以來建立了很好的組織制度，培養極佳的工作規範和傳統，吾人應當牢記前人開疆拓土之辛勞，勉懷前輩用功和風光，並以此自勵自勉，才能使退聯會開展更美麗的前景，不負「臺大」這塊名牌。

近兩年弟任理事長期間，偶在辦公室和多位資深幹部閒聊，始知本會先進如彭振剛、萬能、夏良玉等均已往生，不勝感慨。萌生邀請目前仍在之歷屆本會各級幹部，再回學校歡聚同樂，再看看校園美景，再和老友聊聊人生的感想，這是一件美善溫馨的活動。

本案構想在今（民一〇四）元月六日，連任理事長時即向理監事會報告，之後又和「辦公室五要角」（志恒、雅慧、鵬佛、秀錦、明珠）討論，獲得組長們的支持，納入「退聯會定期工作管制表」，逐步完成執行。

貳、活動邀請名單（經查證往生者除外）

歷屆理監事等各級幹部，除少數仍經常參如活動，多數經年不見人影，其生活情況吾人均不得而知。故邀請方式有些「技術」，總不好打電話問：「某君往生乎？」照列歷屆名單如下。

第一屆 民國86年1月1日民國87年12月31日						
	理事長	宣家驊	副理事長	彭振剛		
	理事	李學勇	萬能	楊維楨	郭寶章	曾廣財
		王本源	陳汝淦	王鴻龍	劉祥銘	董元吉
		黃秀實	張丙龍	歐陽儒驥		
	監事主席	羅聯添				
	監事	周駿富	李常馨	蔣賢燦	鄧華	

第二屆 民國88年1月1日民國89年12月31日						
	理事長	宣家驊	副理事長	方祖達		
	理事	李學勇	林参	楊維楨	郭寶章	曾廣財
		王本源	陳汝淦	王鴻龍	劉祥銘	鍾鼎文
		高萬成	車化祥	曾燕青	歐陽儒驥	
	監事主席	路統信				
	監事	周駿富	蔣賢燦	鄧華	吳琴瑩	

第三屆 民國90年1月1日民國91年12月31日						
	理事長	方祖達	副理事長	路統信		
	理事	李學勇	林参	黃秀實	郭寶章	曾廣財
		王本源	陳汝淦	王鴻龍	劉祥銘	鍾鼎文
		范信之	車化祥	曾燕青	吳銘塘	
	監事主席	宣家驊				
	監事	周駿富	蔣賢燦	鄧華	鄭義峰	

第四屆　民國 92 年 1 月 1 日民國 93 年 12 月 31 日						
	理事長	楊建澤	副理事長	宣家驊		
	理事	方祖達	李學勇	林參	沙依仁	林添丁
		謝美蓉	徐玉標	康有德	鍾鼎文	王本源
		車化祥	路統信	曾廣財		
	監事主席	蔣賢燦				
	監事	鄧華	蕭富美	翁文	張甘妹	

第五屆　民國 94 年 1 月 1 日民國 95 年 12 月 31 日						
	理事長	沙依仁	副理事長	許文富		
	理事	方祖達	宣家驊	李學勇	王本源	林添丁
		路統信	朱鈞	吳元俊	夏良玉	陳汝淦
		車化祥	謝美蓉	鍾鼎文	劉鵬佛	林徐蘭香
		范信之				
	監事主席	張甘妹				
	監事	楊建澤	蕭富美	陳雪嬌	劉秀美	

第六屆　民國 96 年 1 月 1 日民國 97 年 12 月 31 日						
	理事長	沙依仁	副理事長	許文富		
	理事	夏良玉	林添丁	何憲武	吳元俊	李學勇
		路統信	王本源	陳美枝	茅增榮	
		車化祥	鍾鼎文	謝美蓉	劉鵬佛	關麗蘇
		黃存仁	陳明珠			
	監事主席	張甘妹				
	監事	楊建澤	蕭富美	陳雪嬌	陳雪嬌	

第七屆（民國 98 年 1 月 1 日至 99 年 12 月 31 日）					
理　事　長	丁一倪				

副理事長	何憲武				
理　　事	許文富	夏良玉	謝美蓉	吳元俊	陳美枝
	路統信	林添丁	王本源		
理事兼組長	車化祥	劉鵬佛	陳明珠	黃存仁	鐘鼎文
組　　長	關麗蘇	杜雅慧			
監事主席	沙依仁				
監　　事	楊建澤	陳雪嬌	許雪娥	彭振剛	劉秀美

第八屆（民國100年1月1日至101年12月31日）					
理 事 長	丁一倪				
副理事長	何憲武				
理　　事	陳美枝	許文富	吳元俊	路統信	王本源
	謝美蓉	陳福成	林添丁		
理事兼組長	陳明珠	杜雅慧	黃存仁	劉鵬佛	鐘鼎文
組　　長	關麗蘇	呂淑貞			
監事主席	沙依仁				
監　　事	楊建澤	陳雪嬌	方祖達	許雪娥	
候補理事	陶錫珍	鄭太平	梁乃匡		
候補監事	劉秀美	梁乃匡			

第九屆理、監事名單(民國 102 年 1 月 1 日至 103 年 12 月 31 日)					
理事長	陳福成				
副理事長	何憲武				
理　　事	陳美枝	吳元俊	路統信	王本源	林添丁
	楊建澤	鄭大平	許文富		
理事兼組長	丁一倪	陶錫珍	劉鵬佛	鐘鼎文	黃存仁
	杜雅慧				
組　　長	關麗蘇	陳明珠	陳志恒	許秀錦	
監事主席	沙依仁				
監　　事	方祖達	梁乃匡	高閩生	劉秀美	

台大退休人員聯誼會第10屆理監事暨工作人員通訊錄

理事長	陳福成	理事	陶錫珍
副理事長	何憲武	理事兼會員組長	陳志恒
理事	陳美枝	理事兼文康及活動組長	許秀錦
理事兼總務組長	鍾鼎文	理事	林意婷
理事	鄭大平	監事主席	方祖達
理事	王本源	監事	楊建澤
理事兼秘書組長	劉鵬佛	監事	梁乃匡
理事	吳元俊	監事	高閩生
理事兼資訊組長	黃存仁	監事	邱淑美
理事兼福利組長	丁一倪	會計組長	陳明珠
理事兼E化組長	杜雅慧	秘書組副組長	陳昌桐

參、討論、準備、經費申請、任務分工

舉辦時間：五月十二日（星期二）上午九時開始報到，九時半開始，十二時午餐後結束。（午餐後工作人員同樂會）

舉辦地點：臺大巨蛋文康室

任務分工：如下表（再討論）

節目程序：如下表

午餐內容：如下表。（以總人數六十人為準）

臺大退休人員聯誼會歷屆理監事組長回娘家同樂會		
一〇四年五月十二日工作分配表		
職務	姓名／聯絡電話	工作內容
主席	陳福成	
總召集人	何憲武	
活動組	許秀錦	活動行程安排、場地申請、全案承辦人
會員組	陳志恆	事先連繫確認參加人員
總務處	許秀錦、陳明珠、鍾鼎文	經費處理
採購組	許秀錦、陳明珠	準備食材、茶水餐具、準備名牌、海報看板、中餐安排
攝影組	吳元俊	照相、物品擺設、會場布置、攝影
新聞組	劉鵬佛、陳昌枏	聯絡秘書室新聞發佈
報名組	陳明珠、杜雅慧、陳志恆	貴賓邀請卡、報名表、報名通知、服務台簽到、接待

台大退休人員聯誼會歷屆理監事組長回娘家同樂會		
一〇四年五月十二日節目程序表		
司儀（節目主持人）		
時間	進度內容	備註
8:20 ～ 9:00	工作人員準備會場	8:20 到會場
9:00 ～ 9:30	參加人員開始報名	
9:30 ～ 9:35	主席致詞	
9:35 ～ 9:45	邀請歷屆理事長致詞	
9:45 ～ 10:15	退聯會合唱團演出 （邱淑美老師指導）	
10:15 ～ 10:30	理事長吉他伴唱老歌， 帶領全體合唱	
10:30 ～ 11:30	開放自由點歌、跳舞	
11:30 ～ 12:30	溫馨午餐，老友敘舊	
餐後適當時間	主席致謝詞，散會	
下午	工作人員開懷歡唱、再散會	
註：約 10:30，請秀錦電話追蹤午餐準備情況		

第五章 八卦閒聊幾個「非常嚴肅」的議題

——評蔣毛等十一人功過

活動：臺大退聯會「評古說今」座談會主談
時間：二〇一五年三月十七日
地點：臺灣大學校本部第二會議室

近十餘年，任何公私領域中，凡有人批評蔣中正、蔣經國那裡不好等，必有人反擊（反目）說：「蔣公那裡不好？沒有蔣公那有今日的台灣繁榮……」雙方拉開戰局，反目成仇，家人親戚朋友都做不下去了。

反之，有人批評李登輝、陳水扁禍國殃民貪污等，也必有深綠者反擊說：「他們那裡不好？陳水扁沒有貪污，吳淑真沒有污錢，都是國民黨無中生有……」雙方開打，兄弟朋友亦成仇人。

凡此，都是被意識形態綁架了，沒有獨立判斷的能力，全民如是，便導至全島動亂，自己把自己整垮了。台灣的亂、台灣的災難，都從搞台獨開始！

我們退休人員千萬要超越這一關，以「笑話」態度笑談古今事，臧否古今人物。

就像這張剪貼，大笑一分鐘等於運動四十五分鐘，一般人不習慣大笑，至少要常笑，尤其面對很嚴肅敏感的話題，更要輕鬆面對，人生和歷史盡付笑談中。人沒有完美的，不論何人，一生所為，不太可能百分百全是罪惡，也不可能百分百功德圓滿。這次座談會我思考如何才能吸引大家，才設計出這個題目。

臺灣大學退休人員聯誼會（以下簡稱本會或退聯會），按年度定期工作管制，在我連任理事長（第二任）

大笑1分鐘
等於運動45分鐘

語云：「微笑是最美麗的動機」。開懷大笑一向被視為可以強身健體的良方妙藥，甚至有科學家發現大笑是保持身材苗條的最佳方法之一。

德國柏林大學笑容學的教授西克爾表示，大笑時身體有80組肌肉抽動，即肩膀會聳動、胸膛會搖擺、橫隔膜震盪，甚至令人抽搐、血壓上升、血液含氧量增加，此外，腦部會釋放出一種令人心曠神怡的化學物質，使人的血壓回降、減少分泌令人緊張的荷爾蒙，增強免疫系統等。據美國微笑協會的統計，美國兒童平均每日會展露笑容約400次，而成人僅15次。由於笑被認為對身體有益，兼有醫療效果，大笑熱潮在西方國家迅速發展，甚至超過健康舞蹈，聰明的朋友，千萬要記得這個可以健身，又可以提升生活情趣的「笑功」。

後的今年第一個理監事會，訂在三月十七日（星期二），上午九到十二點，前半段理監事會，後半段「評古說今」座談（開放會員參加），座談會訂一主談人（講半小時），主談完開放討論，主題由主談人自訂。

這次主談因是業務改革後第一回，秘書長劉鵬佛教授請我擔任主談人（兼主持人）。我考量退聯會成員屬性，傾向聯誼趣味，乃訂出「趣味閒聊幾個『非常嚴肅』的議題」，針對大家最夯最熱門人物，由現場參加人表決，論其人生之功過。表決分兩次，第一次在我未談論前，先按自己喜好認知表決一次，接下來我簡單針對人物述說其一生幹過最大錯過和事功，再表決一次，看兩次的差異。但論人功過是很嚴肅的議題，故將嚴肅的文獻內容列為本文附件說明。人物功過列舉數位說明：

毛澤東的功過

事功：移民賓邊，漢人移民西藏、新彊、抗美。

罪過：造反篡國、馬列路線、文革去中國化。

蔣中正的功過

事功：東征、北伐、統一、抗日、保台。

罪過：丟掉外蒙、二戰後有機會不收回琉球列島、不駐軍日本、白團事件、過於親美日、以德報怨。

川島芳子的功過

事功：若是日本人有功，若是中國人有罪。但她最後願「死為中國人」，乃是可敬。

罪過：不談國家，就個別人生言，還是很難定論。

陳水扁的功過

徐志摩的功過

事功：文學、詩歌、文壇上已有定論。

罪過：一輩子遊移在三個女人之間：張幼儀、陸小曼和林徽音，以有婦之夫公開追求有夫之婦。梁啟超評其「不道德之極」。

汪精衛的功過

事功：建國有功。

罪過：與入侵的敵人謀合，製造國家分裂，抵消抗日力量，確實是漢奸，民族之罪人。但他心中有夢，謂「日本要中國，便讓他來統治，百年後大和民族便滅亡了，是最澈底的消滅日本人的辦法。」若真能如是滅倭，他亦有功。

李登輝的功過

事功：？

罪過：漢奸、叛黨、叛國、黑金、背叛中華民族，全民族之罪人。

辛德勒的功過

事功：救了很多猶太人。

罪過：專搞女人，一個換一個、好色又好賭。

李香蘭的功過

事功：歌唱藝術、功在倭（祖）國。
罪過：與川島同時以漢奸起訴，她提出日本人的戶籍證明，得以生還倭國，其後半生在反省中度過，就個別人生談不上是罪過。

馬英九的功過

事功：三通
罪過：大家深刻「有感」者在此不論，只針對「無感」、隱而微者略說：為諂媚獨派，刻意親日，紀念八田與一、後藤新平等日人，淡化或取消抗日有關節慶（甲午、七七、九一八、九三、光復節等）。此等之舉，形同台獨外圍，加速兩岸對立，「去中國化」之幫兇，倭人竄改教科書之旁助。傷害民族感情，罪過！罪過！他怎麼在百年後向老父交待？亡黨亡國之君。

這些功過論述，絕大多數不難理解，很少「灰色地帶」，只有馬英九的罪過很弔詭，二〇一四年的九合一大選，國民黨慘敗，各界都把罪過歸小馬一人。我總結「馬英九問題」，可以說被「廉」字搞垮，清廉本是正義正面價值。但為何馬英九的清廉會成為一種毀滅？這說來話長，當然客觀環境也有關係，馬太過於受到獨派制約，自己無能脫困，黨內的分裂（王金平勢力）亦致命一擊。嗚呼！可憐的馬英九！活該！

或許二千七百多年前，一個案例可以詮譯「馬英九問題」。管仲臨終前，王來問「鮑叔牙可接你的職位乎？」管仲答：「不行，他太清廉，不適合當宰相，也不宜從政。」後來鮑叔牙知道說：「管仲是我的知心人。」

以上僅針對毛澤東、蔣中正、徐志摩、川島芳子、汪精衛、李登輝、馬英九、辛德勒、李香蘭等九人略記功過。所謂的「功過」，應以「全人類共認的普遍性價值」為準，而不僅僅對某一方、國有利而言。例如「李登輝現象」（背叛再背叛），雖對某一政治圈合味口而得到支持，但其行為乃違反人性的普遍價值，為人類中最醜惡之罪行，神都不會原諒的。

本座談會以這個主題為主談和討論內容，考量「臺灣大學退休人員聯誼會」屬性，吾人乃臺大退休人員，休閒、趣味、聯誼是我們經營之內涵，而不是「學術性」座談。但論人功過是何其重大？何其嚴謹之事！為顧及兩者（趣味、嚴謹），設計一趣味性的「功過表決表」（如後），嚴謹的說明列為附件。

「功過表決表」由座談當日眾人表決，主談人評說前表決一次，主談人評說後再表決一次，結果亦見後表。

對歷史人物不論正邪之評論，尤其「蓋棺論定」，除大思想家、大史學家等能有「最公正」的定論。吾等退休草民，不過拿來當茶餘飯後的八卦笑料，閒聊趣談，如此而已。若有人因本文「傷到他的粉絲、偶像」，均一笑置之，當成笑話，大笑一分鐘等於運動四十五分鐘。（臺灣大學退休人員聯誼會第十任理事長、臺北公館蟾蜍山萬盛草堂主人陳福成草誌。二〇一五年春節後）

趣味閒聊幾個「非常嚴肅」的議題					
	人物	主談人評說前		主談人評說後	
		功多	過多	功多	過多
1	毛澤東	11	10	4	12
2	蔣中正	22	2	20	2
3	川島芳子	4	6	9	4
4	徐志摩	19	0	10	2
5	李登輝	3	17	2	16
6	汪精衛	9	6	7	8
7	馬英九	14	6	16	4
8	辛德勒 oskar schindler	3	2	9	0
9	柯林頓	9	0	10	0
10	陳水扁	4	15	2	15
11	李香蘭	8	1	7	2

說明：①參加座談會總人數：29人.
②功過均按表決為準

第六章　臺灣大學教職員工文康活動委員會成果報告：退聯會之部

本文資料提供：秘書長劉鵬佛、會員組長陳志恒、活動組長關麗蘇、文康活動組長許秀錦、會計組長陳明珠、福利組長丁一倪，彙整理事長陳福成

負責人與連絡資料(2014年元月)

職稱	姓名	連絡資料
理事長	陳福成	(一)會址：校本部望樂樓2樓 (二)電話：23695692、33669690 (三)FAX：23648970
副理事長	何憲武	
秘書長	劉鵬佛	
會員組長	陳志恒	
活動文康組長	許秀錦	
總務組長	鍾鼎文	
會計組長	陳明珠	
資訊組長	黃存仁	
檔案e化組長	杜雅慧	
福利組長	丁一倪	
關懷組長	陶錫珍	

註：

(一)本會每週二上午9:30到11:00時，為定時上班日，其他時間不定時亦有人在。

(二)本會年度工作均訂有「行事曆」，詳見《會訊》。

貳、發行年度各期《會務通訊》（秘書長劉鵬佛）

本會每年召開四次理監事會議，每次會後均出版會訊，共出版四次分別是六十二、六十三、六十四、六十五期會訊，分寄所有會員，有伊媚兒的只傳網路版。

參、召開理監事聯席會議（秘書室劉鵬佛）

本會根據章程協定，每三個月召開一次理監事聯席會議，一〇三年會議分別在三、六、九、十一月月初共召開四次，均由陳福成理事長主持

肆、評古說今座談會（秘書長劉鵬佛）

本年舉辦〈評古說今座談會〉共四次，每次都配合理監事會後舉行。

一、三月十八日：本會會員吳信義演講，題目「潛意識的力量─心想事成」。

二、六月十七日：本會理事路統信主講〈黃河大合唱〉，並放映影片。

三、八月十三日：理事長陳福成主持討論「兩岸服貿協議及反服貿」問題。

四、十一月四日：由方祖達教授主談，題目〈中國歷史上幾個名女人趣談〉，會後

餐敘。

伍、召開年度會員大會（秘書長劉鵬佛）

一〇三年十二月二日上午九時至十二時，假台大校總區第一會議室召開一〇三年會員大會，並選出第十屆理事十五人監事五人，會後再選出陳福成、何憲武連任第十屆正副理事長、方祖達為常務監事。會中除有關會議外，特別邀請台大醫學系名譽教授陳慶鍾醫師專題演講「老化模式與衰弱歷程」，主席會員有一百餘人，本會特別贈送每位會員一冊《台大退休會會務通訊合輯本》

陸、文康、活動概況

㈠活動組長關麗蘇報告

一〇三年三月十二、十三日兩天一夜遊，台南地區名勝台南仁德十鼓文化南區、楠西玄空法寺，共四十二人參加。

一〇三年四月十七日卓蘭採果、彰化賞花共四十二人參加卓蘭採果、彰化花露休閒農場、溪州萬景藝苑。

一〇三年五月十三日到十九日七天共二十八人參加國外旅遊日本、京都、奈良、大板、和歌山。

一〇三年六月十八日卓蘭採果、新竹一日遊共四十二人參加採高接梨、葡萄、十二寮休閒農園、湖口老街走訪古蹟。

一〇三年七月十六到十七日二天一夜共四十二人參加台大梅峰農場埔里牛耳藝術渡假村、梅峰農場、廣興紙寮。

一〇三年七月二十八日苗栗，採果賞蘭一日遊，共四十人參加卓蘭採果、萌芳花卉農場、三義雅蘭香草植物工廠。

一〇三年九月十七日台中清水一日遊共四十二人參加台中天帝教天極行宮、高美溼地、梧棲漁港。

一〇三年十月十四日台中苗栗歷史古蹟一日遊，共四十二人參如台中潭子摘星山莊、苗栗功維敘隧道、雪霸巧克力雲莊。

㈡文康、活動組長許秀錦報告

一〇三年五月二十二日為關懷各單位退休人員較年長者，少到校園走走，辦理「千歲宴」，邀請較年長之退休人員，返校參加此次活動，並與多年未見的老友話舊。

一〇三年六月二十一日台大退休聯誼會、職工聯誼會、教師聯誼會為促進本校單身職工交友機會，及增進兩性關係及對婚姻生活之健康關係管理，舉辦「緣來．是你」聯誼活動，參加人數五十人。

一〇三年八月二十六日為關懷各單位退休人員較年長者，有機回到校園與老同事相聚，辦理「台大退休人員回娘家」活動，邀請本會會員，返校參加此次活動，並與多年未見的老友話舊。

一〇三年十一月二十日舉辦「大同鄉樂水部落體驗一日遊」知性研習之旅，以增建同仁交誼、寓教於樂。

柒、會員連繫、經營現況（會員組長陳志恒）

（一）年度（民103年）新加入會員共計33人如下：

1月	林瑞菊女士（永久會員）、徐久忠先生（永久會員）
2月	王秀祝女士（永久會員）、蘇瑞陽先生（永久會員） 林維紅女士（永久會員）、黃量傑先生（永久會員）
3月	連雙喜先生（永久會員）、胡海國先生（永久會員） 何國傑先生（永久會員）、劉建強先生（永久會員） 盧國賢先生（永久會員）、蕭本源先生（永久會員） 蘇銘嘉先生（永久會員）、杜震華先生（永久會員） 陳淑華女士（永久會員）、陳阿德先生（永久會員）
4月	劉聰桂先生（一般會員）、林意婷女士（永久會員）
5月	楊吉錠先生（永久會員）、陳慶餘先生（永久會員）
6月	劉平妹女士（永久會員）、陳月金女士（永久會員）
7月	紀賢秦女士（永久會員）、古偉瀛先生（永久會員）
8月	江翠瑛女士（永久會員）
9月	陳世乾先生（永久會員）、張清溪先生（永久會員）
10月	李君男女士（永久會員）
11月	林蕙真女士（永久會員）
12月	胡景培女士（一般會員）、林碧珠女士（一般會員） 賴榮德先生（一般會員）、梁宗強先生（一般會員）

（二）本會召募新會員方式：

1. 委託人事室將本會「入會申請書」放入新退休同仁之離職相關表件中，讓退休同仁了解本校有本會這個專門服務退休同仁的組織。
2. 理事長及會員組組長參加人事室每半年辦理一次之「卸任主管及退休人員茶會」，理事長於茶會中致辭招攬與會之退休人員。
3. 會員組組長將新近退休但尚未加入本會同仁之電子郵箱建立資料庫，於辦理各項活動時，寄電子郵件邀請加入本會並參加活動。

（三）會員連繫：

1. 每三個月編排製作「會務通訊」，電子檔寄給有電子郵箱之會員，另印製紙本郵寄給沒有電子郵箱之會員。
2. 除了將各項活動刊登於「會務通訊」中外，亦寄電子郵件通知或提醒會員參加活動。

捌、本會年度經費收支情形（會計組長陳明珠）

台大退休人員聯誼會103年度現金及華銀存簿收支統計表

會計組　陳明珠

收入		支出	
摘要	金額	摘要	金額
102年現金結餘	14,987	場地費	10,750
新加入永久會員（684-714）3000*27	81,000	理監事會及評古說今餐盒費	10,430
新加入永久會員（691）	2,980	會訊影印費	9,492
一般 會員改永久會員（644）	3,000	飲水機水費	1,920
新加入一般會員（700-716）600*5	3,000	寄會訊郵資費	3,108
重新加入一般會員（009）	600	文具費	3,994
一般會員年費收入300*30	9,000	購買郵票	3,000
一般會員年費收入285*5	1,425	現金存入華銀帳簿	64,108
一般會員年費收入585*2	1,170	其中32250元為暫付款	
鍾組長還借款	3,000	碳粉匣	4,200
大會結餘	1,280	慶生會壽桃	1,600
千歲宴結餘	2,100	網路傳真S-LED複合機	7,000
基金收入	18,000	雜項費	2,572
總計	141,542		122,174
餘額			19,368
華銀存簿102年結存	68,185	電話費	14,641
台灣大學轉存含暫付款32250元	169,096	現金支出	146,458
現金存入	31,858		
定存息	14,022		
利息收入	283		
合計	283,444		161,099
結餘			122,345
總結餘			141,713

玖、會員福利、校際活動（福利組長丁一倪）

1. 中華民國公教軍警暨退休人員聯合總會一〇四年二月六日召開成立大會本會陳福成理事長、楊建澤監事、陳美枝理事、吳元俊理事、丁一倪理事參加該會。胡志強當選該會總會長，本會陳美枝理事以第一高票（一百六十八票）當選該會監事、本會丁一倪理事當選該會常務監事並兼該會會員福利委員會主任委員。

2. 中華民國公教軍警暨退休人員聯合總會全體常務理、監事，由林水吉副總會長領隊拜訪：

⑴國民黨中央黨部李四川秘書長（一〇四年三月十三日）

⑵立法院國民黨執行長賴士葆立法委員（一〇四年三月十七日）

3. 福利卡卡友新增下列福利：

⑴健保慢性病處方箋領藥，免費送藥到府及二十四小時免費用藥諮詢服務。

⑵認識中草藥保健養生功能免費DIY班，科學中藥新店順天堂藥廠主辦，平日報名達十五人（兒童亦可參加）即可開班。

⑶大八大飯店（博愛店）

高雄市左營區裕誠路 486 號，TEL:07-5569791

1F 大八 TOP 自助餐

享原價之九折優惠（須外加原價一成服務費）小孩不適用此優惠。

2F 新藝禾新派粵菜／包廂

享餐費九折優惠（須外加原價一成服務費）

限單點及四桌內（含四桌）優惠，套餐及商業午餐不適用此優惠。

2F 潮坊港式飲茶吃到飽（高雄店）成人價免茶資優惠

(4) 潮坊港式飲茶吃到飽（台南永福店）成人價免茶資優惠

台南市中西區和意路 5 號，TEL:06-2152626

（其他資料略）

福利卡申請表：請 E-mail ：initing@ntu.edu.tw 索取

拾、配合學校年度工作、跨社團活動及志工服務

本會除會員聯誼活動外，亦配合學校年度政策工作，參與相關活動，如校慶晚會、反毒工作、志工服務、杜鵑花節等，均見本會會員穿梭於校園。

本校教職員文康會下有三十五個社團，本會與教聯會、職工會、排舞社、國標舞社、肚皮舞社等均有聯誼，並多次合辦活動（如旅遊、未婚聯誼）。

拾壹、「臺大退休人員聯誼會合唱團」成立與活動（會員組長陳志恒）

㈠成立、組織、如何加入：

1. 民國一〇二年十二月二十四日，由陳理長福成發起，成立本會合唱團。
2. 禮請本校卡啦OK大賽第一名的邱淑美小姐擔任教唱老師，會員組組長陳志恒小姐擔任總幹事，方祖達教授擔任指揮，陳福成理事長為當然之團長（未來的理事長仍是），創團團員有十九人。
3. 凡本會會員喜好唱歌者，皆可向本會會員組組長陳志恒報名加入，免費參加。

㈡活動時間：

1. 原則上於每月第一、三週之週四上午10:00-11:30在退聯會辦公室練唱、遇假日有時會作彈性調整。
2. 每年年底即會公布次年活動練唱之日期。
3. 不定期移駕至KTV歡唱（由會員共同分攤費用）。

㈢現況成員：

目前經常參如活動之團員有：陳美枝、鍾鼎文、方祖達、吳信義、陳福成、劉鵬佛、吳元俊、徐蘭香、周羅通、陳明珠、何憲武、許雪娥、劉清美、杜雅慧、陶錫珍、陳志恒、陳昌枏、許秀錦、邱淑美、林碧珠、史靜玉、關麗蘇、張秀娥等二十三人。（依會員編號排序）

㈣成果：

本團於民國一〇三年一月二日正式開始練唱，迄今學習歌曲共計二十首。在每次本會慶生會等各項同樂會，合唱團也都登台獻唱，參加校慶晚會表演等，獲各方好評：

01煙花三月（童麗）

02你是我的花朵（伍佰）

03走天涯（降央卓瑪）

04唱一遍一遍（費玉清）

05最浪漫的事（趙詠華）

06兩只蝴蝶（龐龍）

07風吹的願望（江蕙 &江淑娜）

08濤聲依舊（毛寧）
09夜色（潘越雲、劉文正）
10藍眼淚（陳冠蒲、楊蔓）
11甲你攬牢牢（江蕙）
12給你們（張宇）
13古月照今塵（文章）
14想要你也難　不想你也難（于希平；音樂磁場）
15數天數（龔玥）
16愛不釋手（李麗芬）
17荷塘月色（鳳凰傳奇）
18遠走高飛（江蕙）
19傳奇（李健）
20菊花台（周杰倫）

拾貳、本會民國一〇三年重要活動照片如後（略）

第七章　臺大退聯會二〇一三到二〇一五新人回娘家同樂會

舉辦時間：二〇一五年六月十六日
地　點：台大巨蛋文康室

壹、計畫緣起說明

自從二〇一三年，我接任本會第九屆理事長，正巧立法院通過一個叫「個資法」的東東，詳情不得而知，反正就是保障個人隱私吧。

這個法案的通過，對本會有點小小的影響。以往，本校人事組每隔數月，會把退休教職員工名單給我們，本會會員組組長依據名單上的基本資料，招募新會員。如今，人事組說不行了，不能將「個資」任意流出去，我們招新會員的管道堵塞了。

幸好校長每隔數月會主持「退休人員茶會」，針對要退休的教授、職員、工友等，頒獎表揚。這是一個「拉客」的好機會，兩年多來，每次校長退休茶會，我和志恒都親自參加。校長致詞、頒獎完，我上台報告，簡介本會會務並請大家加入本會。志恒帶著入會表格，現場填好收款，效果很好。兩年多來，本會新生力軍近百人，這要謝謝志恒的投入，才有的成果。

這樣的招募會員像是拉保險，填了表、付了款，保險員再也不理你了。我們的新會員也是，好像入會後，我們就忘了他，所以我和各組長研究，針對新會員辦一個同樂會，故有本計畫。

貳、參加人員確定與連繫

以民國一〇二年到最近入會者（到一〇四年五月五日為截止日），名單如下：

編號	原單位	身分	姓名	性別	種類	入會時間
667	電機系	職	邵依俤	1	永久	102.03.25
668	行政副校長室	職	盧曼珍	2	永久	102.03.26
669	應力所	職	李孟賢	1	永久	102.06.04
670	生農學院動科系	教	駱秋英	2	永久	102.06.11
671	人事室	職	廖麗玲	2	一般	102.06.22
672	進修教務組	職	陳昌枏	1	永久	102.06.25
673	總務處	職	許秀錦	2	永久	102.07.02
674	醫學院物治系	教	廖華芳	2	永久	102.07.02
675	理學院海洋所	教	劉倬騰	1	永久	102.07.16
676	生農院生機系	教	張森富	1	永久	102.07.22
677	生農院動科系	教	蘇和平	1	一般	102.07.24
678	計資中心	職	邱淑美	2	永久	102.09.10
679	人事室	職	程婉青	2	永久	102.09.10
680	總務處文書組	職	吳冰如	2	永久	102.11.26
681	總務處文書組	職	周麗真	2	永久	102.11.26
682	生命科學系	教	王淑美	2	永久	102.1203
683	總務處文書組	職	劉玉女	2	一般	102.1203
684	生農院生機系	職	林瑞菊	2	永久	103.01.07
685	生農院獸醫系	教	徐久忠	1	永久	103.01.29
686	工學院	職	王秀祝	2	永久	103.02.18
687	體育室	教	蘇瑞陽	1	永久	103.02.18
688	歷史系	教	林維紅	2	永久	103.02.19
689	應力所	職	黃量傑	1	永久	103.02.25
690	工學院材料系	教	連雙喜	1	永久	103.03.11
691	醫學院精神科	教	胡海國	1	永久	103.03.17
692	生命科學系	教	何國傑	1	永久	103.03.18
693	台大醫院雲林分院麻醉部	醫	劉健強	1	永久	103.03.18
694	醫學院解剖學科	教	盧國賢	1	永久	103.03.18
695	理學院海洋所	工	蕭本源	1	永久	103.03.18
696	醫學院藥學系	教	蘇銘嘉	1	永久	103.03.18

編號	原單位	身分	姓名	性別	種類	入會時間
697	社科院國發所	教	杜震華	1	永久	103.03.18
698	生命科學系	教	陳淑華	2	永久	103.03.18
699	學務處住宿組	工	陳阿德	1	永久	103.03.18
700	理學院地質系	教	劉聰桂	1	一般	103.04.07
701	社科院教務分處	職	林意婷	2	永久	103.04.17
702	台大醫院病歷室	職	楊吉錠	1	永久	103.05.26
703	醫學系家醫科	教	陳慶餘	1	永久	103.05.30
704	理學院地質系	教	劉平妹	2	永久	103.06.11
705	工學院化工系	職	陳月金	2	永久	103.06.18
706	教務處	職	紀賢秦	2	永久	103.07.03
707	文學院歷史系	教	古偉瀛	1	永久	103.07.15
708	教務處註冊組	職	江翠瑛	2	永久	103.08.29
709	台大醫院小兒泌尿科	教	陳世乾	1	永久	103.09.04
710	社科院經濟系	教	張清溪	1	永久	103.09.22
711	醫學院醫技系	教	李君男	2	永久	103.10.08
712	管院會計系	教	林蕙真	2	永久	103.11.10
713	理學院地理系	職	胡景培	2	一般	103.12.02
714	文學院中文系	職	林碧珠	2	一般	103.12.04
715	體育室	教	賴榮德	1	一般	103.12.11
716	教務處課務組	職	梁宗強	1	一般	103.12.30
717	體育室	教	康世平	1	永久	104.01.06
718	社科院會計組	職	史靜玉	2	永久	104.01.15
719	理學院心理系	教	吳英璋	1	永久	104.02.24
720	理學院數學系	教	黃漢水	1	永久	104.03.03
721	社科院社工系	教	余漢儀	2	永久	104.03.03
722	教務處課務組	職	吳惠美	2	永久	104.03.06
723	生農學院食科所	教	江文章	1	永久	104.03.10
724	軍訓室	教	廖天威	1	一般	104.03.10
725	生科院生態演化所	職	莊桂蓮	2	永久	104.03.10
726	醫學教育生醫倫理所	教	黃天祥	1	永久	104.03.10
727	生農學院植微系	教	曾顯雄	1	一般	104.03.10
728	電資學院電機系	教	張帆人	1	一般	104.03.10
729	獸醫學系	教	闕玲玲	2	永久	104.03.10
730	資工學系	教	高成炎	1	永久	104.03.10

以上參加人員只列到今（民一〇四）年三月十日，到五、六月定還有加入者。統計近兩年多來新加入會員，約有七十餘人，這張漂亮的成績單背後，是有一個會員組長陳志恒小姐在盡心盡力。

參、結語（節目安排與工作分配）

從去年到今年辦過幾次大型活動，本會各組長對辦活動已駕輕就熟。文康組長許秀錦負責全案承辦和叫餐安排，志恒統計參加人員和社團表演連繫，美枝姊是永遠的司儀，其他人提早到會場打理各項準備工作。

節目表演不外唱兩首淑美教的新歌，我帶吉他大合唱幾首老歌。比較熱鬧是排舞社，大家唱卡拉OK時他們跳舞，現場增色很多。

這些退休的教授、職員，大多退休後就少再回校。很多久未見面，這也是安排此項活動重要動機，讓他們再返校走走，見見老友，聊天吃飯唱歌。

本案在去年討論行事曆時，已納入年度重要工作管制。五月二十六日（星期二）將開第一次籌備會，六月二日在理監事會上報告，六月九日（二）最後定案確定參加人數，方便各組準備工作的進行。

第八章 關於吳元俊理事「請落實前會員大會已通過當完理事長均聘爲榮譽理事」乙案說明和決議

報告人：理事長陳福成
時間：二〇一五年九月十五日理監事會
地點：台大校本部第二會議室

壹、說明

一、本會於二〇一五年六月二日上午，假本校第二會議室召開第十屆第二次理監事會，由本人主持。會中吳元俊理事報告，「請落實前會員大會已通過當完理事長的人，均聘為本會榮譽理事」，理監事會邀請來參加，提供建言。

二、經查本會《會訊》（按二〇一四年十一月，文史哲出版《台大退聯會會務通訊合集》，增訂再版。），第二四六頁，第三十期刊載（民國九十四年三月三十一日出刊），本會第五屆理監事會第二次聯席會議，於三月十五日在校總區第一會議室召開。

三、會中決議：「依本會組織章程第四章第六條規定，理事會得聘請名譽理事長一人、名譽理事、顧問若干人。本次理監事聯席會議通過，敦聘本會第一、二屆理事長宣家驊，第三屆理事長方祖達，第四屆理事長楊建澤為榮譽理事。同時通過：是項聘請無任期限制，今後凡退職理事長均聘為榮譽理事，並參加理監事會議，提供建言，督促會務。此項決議如與組織章程不符時，得修訂章程。」

四、前項理監事會議之決議，於民國九十四年十二月二十七日，本會假校總區第一會議室，召開年度會員大會，通過聘任榮譽理事案，贈予三位前任理事長「榮譽理事」榮銜，以示尊榮。未來凡退職本會理事長，均聘為榮譽理事。

貳、我的看法、再說明、組織章程修訂

一、全案已經理監事會、年度會員大會通過，於法於理，本會應依決議執行，修訂並落實組織章程之規定，彰顯本會成立之宗旨。

二、到目前（我的第二任、第十屆），已當完理事長的有：第一、二屆理事長宣家

騂，第三屆理事長方祖達，第四屆理事長楊建澤，第五、六屆理事長沙依仁，第七、八屆理事長丁一倪，以上均聘為本會榮譽理事。本會召開理監事會時，均邀請各榮譽理事參與會議。

三、關於上次理監事會討論（民一〇四年六月二日），榮譽理事是否可以競選理監事，考量本會為聯誼性質，均為自發服務的志工。故，不應有所限制，以最大的開放態度，凡是會員，合乎章程規定，只要當事人身體許可、願為大家服務，便可參加理監事競選。假設，某退職理事長參加理監事競選，當選後，他即是本會「當屆理監事」，也是「榮譽理事」，有何不可？本會應給所有會員最大最多的發揮空間！

四、《組織章程》修訂。本會組織章程全部條文，詳見《會訊合集》第七八八到七八九頁，第四章第六條第二款修訂為：「理事會得聘請名譽理事長一人，顧問若干人。凡退職理事長均聘為榮譽理事，於召開理監事時，邀請與會。是項聘請無任期限制。修訂前後條文比較如下表。

台灣大學退休人員聯誼會《組織章程》第四章第六條第二款修訂條文

原條文	修訂條文
理事會得聘請名譽理事長一人，名譽理事、顧問若干人，其聘期與理事、監事之任期同。	理事會得聘請名譽理事長一人，顧問若干人。凡退職理事長均聘為榮譽理事，於召開理監事會時，邀請與會。是項聘請無任期限制。榮譽理事之權益，均同會員。

參、決議與聘書稿本

聘各前理事長為榮譽理事乙案，早已經第五屆理監事聯席會通過，民國九十四年會員大會亦通過。按會議規則，現在只能依通過內容執行。尚未確認者是〈組織章程〉第四章第六條第二款之修訂內容，請本次理監事會針對修訂內容做出決議。

決議後製作聘書（稿本如後），寄或我本人親送各前理事長，分別有第一、二屆宣家驊理事長，第三屆方祖達理事長，第四屆楊建澤理事長，第五、六屆沙依仁理事長，第七、八屆丁一倪理事長。

國立臺灣大學退休人員聯誼會聘書

退聯會聘字第　　號

茲敦聘本會第　　屆理事長

為本會　名譽理事。

聘期：無任期限制。

此聘

國立臺灣大學退休人員聯誼會

理事長　陳福成 理事長陳福成 國立台灣大學退休人員聯誼會

中華民國　　年　　月　　日

說明：本案依第五屆理監事會、民國 94 年會員大會及民國 104 年第 10 屆第 2、3 次理監事會通過之決議辦理。

結語

本會成立已近二十年，是本校歷史悠久的社團。成立以來經各前理事長帶領歷屆理監事、組長的努力，才立下良好的典章制度，才使本會得以可長可久的經營下去。吾等後來者，共同為前面打拼的所有會員，獻上一分無價情重的敬意。並祝福聘任之各榮譽理事，身體健康，幸福美滿。（第十屆理事長　陳福成　草於二〇一五年夏）

第九章 回顧二〇一五、展望二〇一六

理事長 陳福成

光陰似箭，歲月如梭，不知覺間，本年（民一〇四）《會訊》要發行第六十九期（今年的最後一期）。利用這個機會，把今年本會工作做一個小結，下期會訊就是新的二〇一六年春天了。

有首歌叫「我只在乎你」，弟身為本會理事長，我只在乎你，在乎本會會員的你，新的年度要幸福、快樂、美滿！別說這很難！別說你做不到！只要你願意確實「放下」，參加本會及學校其他活動，你就馬上可以感受到，幸福、快樂、美滿真的在自己身上發生了！

壹、本年（民一〇四）重要工作（參閱年度定期工作管制表）

為使本會工作順利推展，於年初就製訂「退聯會定期工作管制表」（刊《六十六期會訊》），方便各組組長做好工作準備，也方便會員做自己的年度計畫。經這一年的實驗性「計畫與執行」管制，本會大致上按管制表完成今年各項工作。

這些工作包含按時召開理監事會、評古說今座談會、國內旅遊、《會訊》出刊、合唱團練習、舉辦各項同樂會和慶生會。今年較特別的活動，一者是五月十二日的「歷屆理監事及組長回家同樂會」，針對本會從民國八十五年十二月二十八日創會以來，所有擔任過理監事和組長的人，邀請回來同樂。二者是六月十六日的「迎新同樂會」，主要針對新加入會員（民一〇二年後），邀請回來參加同樂會。以上各項年度內活動均順利推展，這是本會各組長用心投入的成果，我代表全體會員向各組長表達感謝之意。

本會年度工作，除「定期工作管制表」以外，尚有配合學校政策及各社團活動的臨時工作：㈠參加由校長主持的「退休人員茶會」，由我和會員組長陳志恒小姐代表參加，在現場「招兵買馬」，成效甚佳。㈡參加「教職員工文康活動委員會」主辦的校慶晚會，本會組團表演。㈢協辦本校其他社團活動，亦深獲好評。

本會福利組長丁一倪教授，積極投入退休人員福利工作也是年度的重要項目。同時，丁教授代表本會參加校外聯誼及兩岸交流活動，今年也是「豐收年」（詳見《會訊》

第六十六、六十七、六十八期報導）。

貳、〈按此模式向前走〉（詳參《會訊》六十六期）

在本會《會訊》第六十六期（民一〇四年二月十日出刊），弟有一篇短文〈按此模式向前走：臺大退聯會第十屆經營方向思索〉，裡面有五大要點：㈠志工和快樂是聯誼會的屬性；㈡做一分是圓滿、做十分亦圓滿；㈢內部和諧重於成果和績效；㈣明白、清楚、公開、沒有「禁區」；㈤大家一起玩玩，不要太嚴肅。經過三年的思索和觀察（從我的第一任開始），弟以為，這五項可以當成本會的核心價值，過去的三年，我們本此精神推展本會工作，辦公室各要角也玩的開心。

未來，我們仍本此原則，在新的年度裡，把退休人員聯誼會經營的更好。真的，「我只在乎你」，在乎本會所有會員，你是否走出來？參加快樂的活動。

參、展望未來新計畫

一、有鑒於「定期工作管制表」的方便性，在新的年度裡，待學校公佈行事曆後，據以制訂本會的定期工作表，儘早列為會員大會或《會訊》七十期附件。請各會員參考運用，新年各項新活動，均將納入工作管制表。

二、民一〇五年底，是本會第十屆理監事任期屆滿，於一〇五年會員大會重選，除辦好選務是新年度重要工作。再者，有意願於理監事、理事長者，也能儘早有備，希望本會會員都勇於出來「搶佔服務機會」。

三、「第十屆理監事畢業同樂會」，納入年度新計畫。大家當了兩年或更久的理監事，這只是一個「階段性的完成」，大家同樂慶祝以示加油，再邁向未來。

小結這個年度的各項工作，能夠順利推展，我要感謝各位組長。當大家收到《會訊》六十九期，就快到了新年度的春天，本人也祝福全體會員，新春如意、身體健康。（本文刊《會訊》第六十九期）

第十章　台大退聯會二〇一六新年度工作簡報

壹、新年度「定期工作管制表」，經理事長與各組長多次研討、修訂，終於定稿，置於本（七十）期會訊附件，請全體會員參考運用。把重要活動（尤其自己想參加的），記在自己的行事曆中。

貳、今年除各項旅遊、會議外，有三次同樂會在校本部綜合體育館文康室（巨蛋一樓）舉行。已計畫邀請表演團體和會員同樂，列表如次：

台大退聯會二〇一六年文康室同樂會舉辦計畫表

時間	主題	表演團體	連絡人	備註
四月十九日（星期二）上午九時報到	會員擴大慶生同樂會	排舞社 吳信義國標團	陳志恒 吳信義	△各連絡人儘早通知演出者。 △二十天前把參加人數通知陳志恒小姐。
八月十六日（星期二）上午九時報到	會員擴大慶生同樂會	排舞社 陳美枝小提琴隊。	陳志恒 陳美枝	
十一月八日（星期二）上午九時報到	第十屆理監事畢業同樂會	排舞社 元極舞社	陳志恒 許秀錦	

參、本會《組織章程》第四章第六條第二款條訂條文，已於民國一〇四年十二月一日會員大會通過。新的章程全部條文亦置本（七十）期會訊附件，公告全體會員通知。

肆、本會舉辦之各項會議、旅遊、生日同樂會，均已建立即定模式，大家「照表操課」，均不再贅言。

伍、又是新的一年，我僅代表理監事祝福本會全體會員身體健康、天天快樂。尤其要每天健走、活動，多參加本會活動。

105 年臺大退聯會定期工作管制表（工作同仁用） 104.12.21 製表 1/2

月	日	星期	工作項目	備註
1	14	四	歌唱班練唱（9-12 時）	新體
	12	二	70 期會訊截稿	12/15-1/5 雅慧 △ △
	19	二	70 期會訊出刊	1/23-2/1 意婷去 △ △
	28	四	歌唱班練唱（9-12 時）	新體
2	7	日	除夕（一直放假至 2/14(日)）	
	23	二	烏克麗麗班練彈（14-16:30）	新體
	25	四	歌唱班練唱（9-12 時）	新體
	26	五	國內一日遊	
3	未定		卸任主管及退休人員茶會	人事室辦理，理事長及會員組長參加，以招募新會員
	1	二	烏克麗麗班練彈（14-16:30）	新體
	8	二	烏克麗麗班練彈（14-16:30）	新體
	10	四	歌唱班練唱（9-12 時）	新體
	15	二	理監事會議及評古說今座談會 烏克麗麗班練彈（14-16:30）	新體
	22	二	烏克麗麗班練彈（14-16:30）	新體
	24	四	歌唱班練唱（9-12 時）	新體
	30	三	日本京都賞櫻五日遊	3/30(三)-4/3(日)
4	12	二	烏克麗麗班練彈（14-16:30）	4/10-22 淑美去 △ △
	14	四	歌唱班練唱（9-12 時）	4/27-5/1 雅慧去 △ △
	19	二	慶生會、71 期會訊截稿	9:00 報到，午餐後結束
	26	二	71 期會訊出刊 烏克麗麗班練彈（14-16:30）	志恒去大陸掃墓，日期未定 新體
	28	四	歌唱班練唱（9-12 時）	新體
	29	五	國內一日遊	
5	3	二	烏克麗麗班練彈（14-16:30）	新體
	10	二	烏克麗麗班練彈（14-16:30） 文康活動委員會成果報告截稿	成果報告書面給理事長，電子檔 email 給雅慧
	12	四	歌唱班練唱（9-12 時）	新體
	17	二	烏克麗麗班練彈（14-16:30）	新體
	23	一	克羅埃西亞 10 日遊	5/23(一)-6/1(三)
	24	二	呈報文康活動委員會成果報告 烏克麗麗班練彈（14-16:30）	新體
	26	四	歌唱班練唱（9-12 時）	新體
6	7	二	理監事會議及評古說今座談會	6/29-7/6 淑美去 △ △
	21	二	國內二日遊	6/21(二)-22(三)
	16	四	歌唱班練唱（9-12 時）	新體
	30	四	歌唱班練唱（9-12 時）	新體
7	14	四	歌唱班練唱（9-12 時）	志恒去大陸，日期未定
	19	二	72 期會訊截稿	
	26	二	72 期會訊出刊	
	28	四	歌唱班練唱（9-12 時）	新體

105 年臺大退聯會定期工作管制表（工作同仁用）　104.12.21 製表　2/2

月	日	星期	工作項目	備註
8	11	四	歌唱班練唱（9-12 時）	8/4-15 淑美去 △ △
	16	二	慶生會	9:00 報到，午餐後結束
	25	四	歌唱班練唱（9-12 時）	新體
9	6	二	理監事會議及評古說今座談會	
	未定		卸任主管及退休人員茶會	人事室辦理，理事長及會員組長參加, 以招募新會員
	8	四	歌唱班練唱	新體
	22	四	歌唱班練唱並慶祝教師節	新體
	24	六	美加東 12 日遊	9/24(六)-10/5(三)
10	4	二	73 期會訊截稿	
	11	二	73 期會訊出刊	
	13	四	歌唱班練唱	新體
	25	二	理監事會議及會員大會籌備會	籌備第 11 屆選務工作
	27	四	歌唱班練唱	新體
	28	五	國內一日遊	
11	8	二	第十屆理監事畢業同樂會	
	10	四	歌唱班練唱	新體
	未定		校慶活動表演	文康會辦理
	22	二	會員大會手冊截稿, 完成選務準備	討論 106 年工作管制表草稿
	24	四	歌唱班練唱	新體
	19	六	11/19-20 全校運動會 （預估日期，因新學期行事曆尚未確定）	請吳元俊理事負責報名，本會組隊參加
	29	二	會員大會手冊印製完成。手冊. 餐券. 台大小日曆本. 選票裝袋。	便當預訂 150 份
12	6	二	會員大會暨第 11 屆理監事選舉	第一會議室、宣布新理監事集合時地
	8	四	歌唱班練唱	新體
	13	二	新當選理監事集合選出新任理事長. 監事主席, 於次年元旦正式接任。	9:30 報到。集合地點由秘書組長於會員大會現場宣布。
	20	二	總務. 會計組長, 備妥移交清冊	供理事長移交用
	22	四	歌唱班練唱	新體
	27	二	原任. 新任理事長交接, 請監事主席監交。 年底業務總檢討	上午 10 時於退聯會辦公室 歡迎理監事觀禮

其他注意事項：

一、 關懷、福利不列入定期工作，國內外旅遊按往例儘可能公告，讓最多會員知道。

二、 以退聯會為主體的國內旅遊約每年七次，其他再和別的社團合辦。

三、 慶生會採千歲宴的方式，於綜合體育館教職員活動中心（簡稱新體）辦理。

四、 配合學校政策、各社團合辦的活動，均未列本管制表。

五、 本表另給職工、教聯兩會理事長，用為配合參考。

六、 三次在新體的大型活動場地，請活動組組長向文康會預訂。

七、 理監事會議、年終會員大會及 12/13 場地，請秘書組組長預訂。

第十一章　感恩與前瞻，第十一屆理監事提名說明

報告人：理事長　陳福成

時間：一〇五年九月六日上午

（十二月三日會員大會報告同本文）

地點：台大校本部第四會議室

「國立台灣大學退休人員聯誼會」，於民國八十五年十二月廿八日，在校本部第一會議室成立，大會通過組織章程並由首居理監事選出首任理事長。成立至今已近二十年，歷十屆理事長。

此期間，首任理事長於民國八十六年元月一日開始，經宣家驊理事長（第一、二屆）、方祖達理事長（第三屆）、楊建澤理事長（第四屆）、沙依仁理事長（第五、六屆）、丁一倪理事長（第七、八屆），弟於民國一〇二年元月一日接任第九屆理事長，

再連任第十屆理事長。任職匆匆過了快四年了，依本會組織章程，將於今年十二月六日，會員大會中選出第十一屆理監事，再選出新的第十一屆理事長，本人以感恩與前瞻的心，先向全體會員報告。

第一個感恩。學校提供辦公場地及各項後勤支援，使得本會能順利運作，成為學校和所有退休人員的「窗口」，多年來「台大退休人員」，經由本會活出「快樂的退休生活」，與學校的「連接」和「回憶」，在有生之年，永不中斷。這是首先本會要對學校、歷任校長和各級長官表達真誠的感恩。

第二個感恩。感謝現任校長楊泮池教授、文康會主委江簡富教授、總務長王根樹教授、主秘林達德教授。弟任理事長這四年，許多重要活動、會務及經費申請等，均直接獲得四位長官支持，使得本會為「國立台灣大學教職員工文康推行委員會」之分會，可充份發揮組織章程所規定的功能，為台大退休人員帶來許多美好的回憶。

第三個感恩。感謝這四年間，第九、十屆理監事、辦公室各組長。基本上理事長總是「春一支嘴」，所有工作的完成都有賴各組長和志工在執行，感謝大家以做志工的心情，投入本會工作，各組長是本會運作的重要推力。

檢討近四年來本會推動各項工作，重要可見各期會訊和各年度「定期工作管制表」。

在每季理監事會時，各同仁也有諸多建言，在本會能力所及也都盡可能去執行。但也還有不少未合眾願、難以達到大家滿意之境地，這是身為理事長要概括承擔，並向所有會員致歉。

關於第十一屆理監事之提名，我在今年（民一〇五）六月、九月之理監事會議中，已略加說明。考量本會可長可久、運作方便和個人意願等，暫時提名如下。

理事提名

何憲武教授（以下名銜稱謂均略）、陳美枝、林映月、鄭大平、王本源、劉鵬佛、吳元俊、黃存仁、丁一倪、史娟娟、陶錫珍、陳志恒、許秀錦、林意婷、江文章。

監事提名

方祖達教授（以下名銜稱謂均略）、楊建澤、梁乃匡、高閩生、邱淑美。

新舊任理事長交接事宜

按《台大退聯會組織章程》第六條規定，理事長任期二年，連選得連任一次。本人已任第九、十兩屆理事長，依規定第十一屆應選出新理事長，從明年（民一〇六）元月一日起任職。為使本會運作正常，無縫接軌，各項有關程序先公告如下（民一〇五年底前）

㈠九月六日（星期二）：理監事會討論下屆提名、定案。

㈡十月廿五日（星期二）：會員大會籌備會。

㈢十一月廿二日（星期二）：完成會員大會和選務工作，準備移交清冊。

㈣十二月六日（星期二）：年度會員大會、選出新理監事。

㈤十二月十三日（星期二）：第十一屆理監事集合選出新理事長。

㈥十二月二十日（星期二）：總務、會計組長備妥移交清冊。

㈦十二月二十七日（星期二）：上午十點半在辦公室，理事長交接、歡迎理監事觀禮。

以上的理監事提名，並未將我本人列入，各位理監事或有意見，謂陳某人要「落跑」了。非也！說明如次：㈠台大是我「明心見性」的道場，我永遠是「國立台灣大學退休人員聯誼會」之一員，永不落跑，且永是本會志工。㈡按本會〈組織章程〉第六條第二款，「凡退職理事長均聘為名譽理事，於召開理監事聯席會議時，邀請列席指導。」再者本人並未擔任辦公室組長，不須要再爭取理監事佔名額，同樣有為本會服務的機會。

㈢這四年因任本會理事長，我在外面欠了不少「債」，應以還債為優先，這是做人的基本。

前述理監事提名，已經理監事會討論通過，懇請十二月六日會員大會時，大家多多支持，讓他們都高票當選。尤其實際負責辦公室業務、承辦各項活動的劉鵬佛、黃存仁、丁一倪、史娟娟、陳志恒、許秀錦、林意婷、林映月，更請全體會員支持，讓這八人以「最高票」當選，才是對他們最大的鼓舞。

再次感謝本會全體會員、兩屆理監事對我的支持。未來，二〇一七年、第十一屆理監事、新理事長，要開展新里程，必有一番新氣象。我以對聯祝福本會全體會員：「幸福美滿達三江　身體健康走四海　功德圓滿」。（台灣大學退休人員聯誼會第九、十任理事長　陳福成　草於二〇一六年九月　校本部退聯會辦公室）

註：本文除在理監事會報告，並刊《會訊》第七十三期，二〇一六年十月出刊。

第十二章　把握時間做事暨關於本會工作人員等定期辦餐敘說明

讀小學時常聽老師說「光陰似箭、歲月如梭」，那時根本聽不懂，光陰怎麼似箭？歲月怎麼如梭？梭又是什麼東東？因為每天每年都有「揮霍」不完的時間。直到有一天，人生已被揮霍的差不多了，才終於懂得愛惜光陰。但知道了珍惜光陰，要把時間如何用？這又涉及每個人的人生觀和價值觀，有的把握時間「今朝有酒今朝醉」，有的快用剩下的時間去旅遊，去玩樂等，都沒有錯；又或者，有人到一把年紀時，突然「頓悟」，後悔該做的事沒做，該完成的功課沒有完成，如俗諺一詩：

寂寞荒郊一夢長，古今人事懶思量；

閒花野草歡多少，明日浮萍笑幾場。
夜雨白雲同宿臥，曉風紅日伴行藏；
當初悔不修行早，空對青山淚兩行。

話說筆者年輕時，不知愛惜光陰，不知道有多少寶貴時間被揮霍掉！幾到「空對青山淚兩行」，乃決心善用時間，在寫作上「殺出一條血路」。年近半百時，更深感「寢宿過是夜，壽命隨減少，猶如少水魚，斯何有某樂。」（引《金色童子因緣經》。把握人生退休後可用的「黃金時間」，好好做點「正事」，是我退休後對自己的期許，包含這幾年意外當本會理事長也是相同的心態。三年前弟接任本會理事長，現在是第二任第二年。過去的三年本會在充實中完成《組織章程》和理監事會，所規定和提議的大部任務。這當然是歷任理監事組長理事長打下良好的基礎，過去的三年由我和各組長，進一步再強化和制度化。基本上，本會已能全年度自動化「照表操課」。

過去的三年，每月重要工作或重大經費使用，弟一定在理監事會報告，並寫一篇說明文章放《會訊》，公告全體會員知道。（均可詳見以往各期會訊）因為弟在第一任時，就和各組長說過，「在本會公務範圍內，所有事都清楚、明白、公開、沒有禁區。」甚感安慰！這個標準，我們做的很好。

回顧過去的三年，辦公室的「常住」們，負責盡職，大家以做志工的心情，為本會完成很多活動，我代表全體會員向各組長、副組長表達真誠謝意。只覺「口惠不實」，空用口說何用？就在今年大選才過，統派兵敗山倒之際，我也在反省過去那三年，我身為理事長是否有「該做」而未做的事。所謂「該做」是「應該做」，是屬於「應然」思維，例如孝順愛國；但實際上有多少能力，這是「實然」的問題。就本會而言，校際活動、兩岸文化交流、退休人員醫療養老服務、參與社會服務、提供建言等都是「應該做」的。（詳看章程第四章第七條「理事會職掌」。只是我們因人力、組織、經費不足，這幾方面我們沒有積極全面去推動，只有福利組長丁教授做出了成績。

我左思右想，頓覺有一事，在過去的三年該做而未做，有能力且輕而易舉方便做，卻從未做，如今思之，應是理事長的失誤和堅持不足。此事，是過去的三年從未用「公費」，在年節給各組長一份禮物或請吃一頓飯，這似乎有違常情常理。為此，二月決定為各組長辦一次餐敘，這是執行公務合情合理的開支，說明如次。

第一、放眼各類型聯誼會，凡是能夠正常運作，且能可長可久，年節必會以公費為工作人員辦各餐敘，或送個簡單的禮品。凡是以「聯誼會」之名成立的團體，都有各種會餐。這是一種人情，也是一種鼓勵，也是聯誼方式。

第二、本會每年有很多例行活動（見工作管制表、在會訊七十期附件），例如同樂會，都要全體組長、副組長動員，有時人力不足還要到處拉人幫忙。他們無怨無悔的付出，用公費為大家辦個餐敘，代表「本會」對他們的感謝。

第三、一年餐敘一或兩次，平均一次費用大約是五千多，這是本會能力所及可做的事。不論餐敘或送禮品，必然以節約為原則。不然只見存款增加，該用不用，是沒有意義的。我常對朋友說，不要人在天堂，錢在銀行，錢用了才彰顯其價值，光是「存款」毫無意義。

第四、為何要用「公費」？而不是理事長私人請客。我也曾自費辦餐敘，但後來發現有後遺症，會給未來的理事長帶來困擾。再者突顯「私誼」也有欠當，無法成為慣例。為能建立慣例（制度化），本會每年一或兩次「組長餐敘」，每屆理監事第一年會餐一次，第二年含歷任理監事一起會餐，納入重要工作管制表。

第五、所謂「老人社會」正是指我們這種退休人員佔總人口比率很高的社會。也由於現代社會資訊發達，銀髮族也很會過日子，放眼看去，銀髮族比年輕上班族更忙。幾乎每個銀髮大哥大姊都會參加外面一些活動，有的甚至參加數十個團體，有的是很有組織、很正式依法成立的聯誼會。按我所見，外面運作很好的聯誼會，經費都沒有本會充足，但所辦理監事會餐、工作人員餐敘比我們本會多。本會是我所見有經費，留著當「存款」，而從未辦過工作人員或理監事會餐的聯誼會。當然，這三年弟也積極推動生日同樂會，但這不一樣。

第六、大家總擔心「錢用光了」，其實問題不在「錢」而在「人」，只要正常、依法好好經營，錢是用不完的。我們不是在「揮霍」，我們是在做事，在「聯誼」，通常繳費的會員很多，常參加活動的人很少（約十分之二），所以錢一定夠用。

第七、台灣經濟的維持也很依賴「內需」，大家仔細觀察星期一到四通常是銀髮族在拼經濟。星期五到日是年輕族群在拼經濟，所以本人覺得，本會辦工作人員、理監事或歷任理監事餐會，也是拼經濟，有功於社會。

或許有會員會說，「以前都不辦，現在陳理事長快任滿了才說。」也確實，過去三年我曾提議，但未獲多數贊同，怪我說的不夠清楚。為本會可長可久，永續經營，現在我提出「全般構想」也還來得及，以上所說都在本會能力所及，可以做得到的範圍。

居於說明白、講清楚，有感而寫本文。同時，也對過去三年該做未做的事，略為報告並檢討。全案重點將在二〇一六年三月理監事會報告，討論、決議通過後執行，並成

為本會以後的慣例，本文也刊在《會訊》第七十一期，會員有任何意見均請表達（請用書面）。（寫於二〇一六大選後）